DOCUMENTOS VENEZOLANOS ANTE LA CORTE DE INMIGRACIÓN

TAMBIÉN POR EL AUTOR

TREN DE ARAGUA

Anatomía de un Imperio Criminal Transnacional

LISE LLC, 2026

TAMBIÉN POR ALEXANDER J. ALFANO, J.D.

Inadmissibility and Waivers Dictionary

Referencia para abogados de inmigración sobre causales de inadmisibilidad y waivers federales

Employment-Based Immigrant Visas

Guía práctica sobre visas de inmigrante basadas en empleo

The Visa Dictionary

Diccionario de referencia sobre categorías y procedimientos de visa

DOCUMENTOS VENEZOLANOS ANTE LA CORTE DE INMIGRACIÓN

Fraude Documental, Autenticidad y Presentación de Evidencia en la Practica Migratoria de EE.UU.

Rolnar Sanabria
J.D. · LL.M. · Ph.D.
Ex Fiscal del Ministerio Público de Venezuela
Conferencista Internacional, International Association for Identification (IAI)
Mentor Certificado, International Association of Law Enforcement Intelligence Analysts (IALEIA)
Fundador LISE LLC

&

Alexander J. Alfano
J.D.
Director · Paralegal Institute of the Americas

Abogado de Inmigración · Florida · Nueva York · D.C. · Texas

Latino Institute for Security Efficiency (LISE)

CAGE: 157Z2 | Tulsa, Oklahoma | latinosecurity.com 2026

ISBN: 979-8-9956962-2-3

DOCUMENTOS VENEZOLANOS ANTE LA CORTE DE INMIGRACIÓN
Fraude Documental, Autenticidad y Presentación de Evidencia en la Practica Migratoria de EE.UU.

Primera edición, 2026

Publicado por Latino Institute for Security Efficiency (LISE LLC)
7633 E 63rd Pl, Suite 300, Tulsa, Oklahoma 74133
Estados Unidos de América
latinosecurity.com

ISBN: 979-8-9956962-2-3 (Edición impresa en español)
ISBN: 979-8-9956962-3-0 (Edición impresa en ingles)

AVISO LEGAL: Este libro está basado en investigación documental, expedientes judiciales públicos, acusaciones federales desselladas, reportes de organismos gubernamentales, informes de organizaciones internacionales de derechos humanos y la experiencia profesional de los autores. Las opiniones expresadas son exclusivamente las de los autores y no representan la posición oficial de ninguna agencia gubernamental. Los casos, leyes y fuentes citados son de dominio público o han sido debidamente referenciados. La presentación de documentos como evidencia en cortes de inmigración debe realizarse bajo la supervisión de un abogado con licencia activa.

Impreso en los Estados Unidos de América

DEDICATORIA

A Yenny, mi compañera de vida,

y a nuestros hijos Victoria y Armando,

que me impulsan a ser mejor cada día.

A los abogados de inmigración, jueces del EOIR

Y oficiales de asilo que trabajan a diario

Para hacer justicia con la verdad que tienen en sus manos.

Y a los venezolanos que huyeron del colapso,

Portando documentos cuya historia nadie había explicado, hasta ahora.

"Un documento no es solo papel.

Es la huella de una institución,

El testigo mudo de una historia,

Y a veces, la última prueba de una injusticia."

— Rolnar Sanabria

TABLA DE CONTENIDO

LISTA DE ABREVIATURAS Y SIGLAS

ACNUDH Oficina del Alto Comisionado de las Naciones Unidas para los Derechos Humanos

BIA Board of Immigration Appeals, Junta de Apelaciones de Inmigración (EE.UU.)

CAGE Commercial and Government Entity, código de entidad para contratos federales

CICPC Cuerpo de Investigaciones Científicas, Penales y Criminalísticas (Venezuela)

CNE Consejo Nacional Electoral de Venezuela

COPP Código Orgánico Procesal Penal de Venezuela

DGCIM Dirección General de Contrainteligencia Militar (Venezuela)

DSM-5 Diagnostic and Statistical Manual of Mental Disorders, 5ª edición

EOIR Executive Office for Immigration Review, Oficina Ejecutiva de Revisión de Inmigración (EE.UU.)

FDL Forensic Document Laboratory, Laboratorio Forense de Documentos del HSI

FDNS Fraud Detection and National Security Directorate, USCIS

FFM Misión Internacional Independiente de Determinación de los Hechos sobre Venezuela (ONU)

FRE Federal Rules of Evidence, Reglas Federales de Evidencia (EE.UU.)

HSI Homeland Security Investigations

INA Immigration and Nationality Act, Ley de Inmigración y Nacionalidad (EE.UU.)

IVSS Instituto Venezolano de los Seguros Sociales

LISE Latino Institute for Security Efficiency, LISE LLC (CAGE: 157Z2)

MP Ministerio Público, Fiscalía General de la República de Venezuela

MRZ Machine Readable Zone, Zona de Lectura Automatizada en documentos de viaje

OACI Organización de Aviación Civil Internacional (ICAO en inglés)

ODV Overseas Document Verification, servicio de verificación del EOIR en país de origen

ORCID Open Researcher and Contributor ID, identificador académico internacional

PHR Physicians for Human Rights

PKI Public Key Infrastructure, Infraestructura de Clave Pública

PROVEA Programa Venezolano de Educación-Acción en Derechos Humanos

PTSD / TEPT Post-Traumatic Stress Disorder, Trastorno de Estrés Postraumático

SAIME Servicio Administrativo de Identificación, Migración y Extranjería (Venezuela)

SEBIN Servicio Bolivariano de Inteligencia Nacional (Venezuela)

TPS Temporary Protected Status, Estatus de Protección Temporal (EE.UU.)

TSJ Tribunal Supremo de Justicia de Venezuela

USCIS U.S. Citizenship and Immigration Services

UV Ultravioleta, espectro de luz utilizado en análisis forense documental

PREFACIO

En uno de mis primeros años como Fiscal en el estado Táchira, me tocó un caso que empezó como un procedimiento rutinario en un punto de control de la Guardia Nacional Bolivariana y terminó enseñándome algo que veinte años de práctica jurídica no han dejado de confirmar. Los efectivos detuvieron dos vehículos que transportaban a un grupo de personas. Al pedirles su documentación, ninguna la tenía. No eran venezolanos: eran ciudadanos somalíes y kenianos, en medio de una ruta de tráfico de personas que cruzaba medio continente antes de intentar llegar, eventualmente, a Estados Unidos.

Imputé a los conductores por tráfico ilícito de personas y asociación para delinquir. Pero lo que se quedó conmigo no fue la imputación. Fue la pregunta que ese caso dejó abierta. Sin un solo documento que lo dijera, ¿quién era, en realidad, cada una de esas personas? La respuesta dependía enteramente de lo que un fiscal, un oficial o un juez estuviera dispuesto a reconstruir a partir de nada.

Esa pregunta no me abandonó. Volvió, años después, convertida en la pregunta central de este libro, pero invertida: ¿qué hacemos cuando la persona, trae un documento, auténtico o no, y ese documento es lo único que la separa de la protección que busca? Los documentos no hablan solos. Hablan dentro de sistemas que es necesario conocer para interpretarlos. Y cuando esos sistemas colapsan, como ha ocurrido en Venezuela a lo largo de la última década, el documento que llega a las manos de un juez de inmigración en Texas, Florida o

Nueva York puede ser cualquier cosa: auténtico, alterado, fabricado, o auténtico en su forma pero fraudulento en su contenido.

Este libro nació de esa convicción. No solo de la academia, sino de las trincheras del sistema judicial venezolano. Y creció de una conversación con Alexander Alfano, abogado de inmigración con más de treinta años de práctica en Florida, Nueva York, Washington D.C. y Texas, sobre la brecha que separa lo que los abogados necesitan saber sobre los documentos venezolanos y lo que el sistema actualmente les proporciona para entenderlos.

La brecha es enorme. Y sus consecuencias son reales: casos de asilo válidos perdidos porque el abogado no pudo explicar por qué una cédula de identidad emitida durante la Misión Identidad tiene características de seguridad inferiores a las de una cédula anterior o posterior. Expedientes contaminados por preparadores no autorizados que obtuvieron documentos venezolanos a través de redes informales sin entender lo que estaban introduciendo en el caso. Jueces de inmigración que descartaron documentos auténticos porque su presentación no correspondía al estándar esperado para un documento extranjero, sin saber que ese estándar fue producido por un sistema institucional que lleva años sin funcionar correctamente.

Este libro intenta cerrar esa brecha desde dos ángulos complementarios que no pueden reemplazarse el uno por el otro.

La primera parte (los Capítulos 1 al 6, a cargo del suscrito) aporta el conocimiento interno del sistema venezolano: qué es cada documento, quién lo produce, cuáles son sus elementos de autenticidad, cómo opera el fraude y cómo se detecta. Es inteligencia documental de primera fuente, no análisis académico de segunda mano.

La segunda parte (los Capítulos 7 y 8, a cargo del Abogado Alfano) aporta el conocimiento del sistema legal migratorio estadounidense: cómo se autentica un documento extranjero bajo las Federal Rules of Evidence, cómo se presenta ante el EOIR, cómo se anticipa la objeción del gobierno y cómo se utiliza al testigo experto.

Juntos, estos dos ángulos producen algo que ninguno de los dos autores podría haber escrito solo: una herramienta completa para el profesional legal que trabaja con casos venezolanos en las cortes de inmigración de los Estados Unidos.

Una advertencia final, necesaria: este libro no está escrito para sustituir al abogado de inmigración. Está escrito para hacer más efectivo al sistema de inmigración. La evaluación de documentos venezolanos en el contexto de un caso migratorio requiere conocimiento especializado que no puede ser simulado por preparadores ni por software de verificación genérico. El autor, además de su propia experiencia, cuenta con una red de expertos con conocimientos, experiencia y trayectoria comprobada, puestos al servicio del sistema de inmigración de los Estados Unidos. Las leyes de ciudadanía y otras normas federales reconocen esa incorporación como plenamente válida dentro de un proceso migratorio. Ese es, quizás, el argumento más importante de este libro, y está sustentado en cada uno de sus capítulos.

— Rolnar Sanabria

Tulsa, Oklahoma, 2026

AGRADECIMIENTOS

Este libro no habría sido posible sin la confluencia de muchas personas, instituciones y experiencias que han moldeado mi trayectoria como fiscal, abogado, investigador, consultor de seguridad y experto internacional en crimen transnacional.

A mi esposa Yenny, a mis hijos Victoria y Armando, y a mi madre Olga, por su paciencia infinita durante los meses de investigación y escritura, por los fines de semana cedidos al trabajo, y por ser el recordatorio constante de por qué vale la pena luchar por una sociedad más segura y justa..

A los expertos forenses e investigadores criminales que han visto, documentado y comprendido lo que estas páginas intentan explicar desde adentro del sistema. Ellos han sido de gran ayuda en la construcción de este libro. Entre ellos, quiero recalcar a Joaquín Valles, Walter Henao, María Garnica, Joe Duque, y Erika Veroes; son más de 100 años de experiencia técnica, profesional y académica sumada en estos expertos.

A Alexander Alfano, coautor y colega, cuya experiencia de treinta años ante las cortes de inmigración de los Estados Unidos convirtió este proyecto en algo mayor de lo que yo solo habría podido construir. La Parte II de este libro es su contribución; la confianza que depositó en este trabajo conjunto es también la mía.

Al Paralegal Institute of the Americas, por ser el espacio donde este conocimiento encontró su primera audiencia práctica y donde el valor de este libro fue reconocido antes de que existiera en papel.

A todos los periodistas que me han colocado en su ventana de información y me han dado la oportunidad de hablar como experto, para así exponer el conocimiento a diversas audiencias.

A la International Association for Identification y a la IAI División Colombia, por el honor de presentar mi investigación en sus conferencias internacionales y por su compromiso con el avance del conocimiento forense aplicado. A la International Association of Law Enforcement Intelligence Analysts (IALEIA), por la confianza depositada en mí como Mentor Certificado.

Al Abogado Luis Felipe Valera, al Pastor Álvaro Nova y a Néstor Vilchez, por estar allí cuando los necesité.

A las organizaciones internacionales, Human Rights Watch, Amnesty International, PROVEA, la Misión de la ONU, el Departamento de Estado de los Estados Unidos, cuya investigación rigurosa sobre Venezuela proporciona el andamiaje de country conditions sobre el cual este análisis documental se apoya.

A los abogados de inmigración, jueces del EOIR, oficiales de asilo y preparadores autorizados que trabajan a diario para hacer justicia con los documentos que tienen en sus manos: este libro está escrito para ustedes, y con ustedes en mente en cada página.

Y a los venezolanos que llegaron a las cortes de inmigración con documentos que nadie sabía leer correctamente: su historia es la razón de ser de este trabajo.

– R.S.

Rolnar Sanabria | J.D. · LL.M. · Ph.D.

Ex Fiscal del Ministerio Público de Venezuela con más de quince años de experiencia en el sistema penal venezolano. Fundador y Presidente Ejecutivo del Latino Institute for Security Efficiency (LISE LLC), organización consultora federal registrada en SAM.gov (CAGE: 157Z2, UEI: XQ1ELJLHYBR9), con sede en Tulsa, Oklahoma, especializada en inteligencia criminal venezolana, crimen organizado transnacional, verificación de documentos forenses y seguridad fronteriza.

Se desempeñó como Fiscal 7° del Ministerio Público en el estado Táchira, en la frontera colombo-venezolana, procesando miles de casos criminales complejos que incluyeron crimen organizado, tráfico de personas, narcotráfico y delitos de cuello blanco. En enero de 2018, la Oficina del Alto Comisionado de las Naciones Unidas para los Derechos Humanos certificó formalmente su rol como fuente experta de información para el informe exhaustivo de la ONU sobre derechos humanos, corrupción e impunidad en Venezuela (Resolución A/HRC/39/L.1/Rev.1).

Sus credenciales académicas (J.D., LL.M. y Ph.D. en Derecho Internacional Público, más un Postdoctorado) han sido evaluadas y certificadas como equivalentes al sistema universitario americano por

Morningside Evaluations and Consulting, Nueva York (File No. 002148271, abril 2025), firma reconocida por USCIS.

Actividad académica e investigativa:

Mentor certificado, IALEIA Mentoring Program, International Association of Law Enforcement Intelligence Analysts, 2026

Ponente, IV Congreso Internacional Forense, IAI División Colombia, Medellín, noviembre 2025

Presentación de investigación, 109a Conferencia Internacional, International Association for Identification (IAI), Orlando, Florida, agosto 2025

Autor: TREN DE ARAGUA: Anatomía de un Imperio Criminal Transnacional (LISE LLC, 2026)

ORCID: 0009-0004-0320-4735

latinosecurity.com | *info@latinoinstituteforsecurityefficiency.com*

Alexander J. Alfano | J.D.

Abogado en ejercicio activo en Florida (1993), Nueva York (2016), Washington D.C. (2018) y Texas (2020), con más de treinta años de práctica en derecho migratorio, corporativo, civil y penal. Se graduó de la Saint Thomas University School of Law en Miami, Florida (1993), con Bachelor of Arts de la Florida State University (1990) y un Máster en Tributación (LL.M.) de la Florida International University

(2000). Admitido para comparecer ante el U.S. District Court, Southern and Central Districts of Florida.

Miembro activo de la Association of Certified Fraud Examiners (ACFE) y de la Federal Bar Association. Su práctica abarca derecho migratorio de beneficios y contencioso, inversión extranjera, planificación patrimonial, derecho corporativo y casos migratorios complejos ante el EOIR y el BIA.

Fundador y Director del Paralegal Institute of the Americas (fundado en 2009), institución con sede en Coral Gables, Florida, especializada en la formación de paralegales de inmigración y representantes acreditados en los Estados Unidos, con presencia en países de América Latina. El Instituto ha formado a cientos de profesionales en el manejo correcto de casos migratorios y en la presentación de evidencias ante agencias federales y cortes de inmigración.

Publicaciones seleccionadas:

Inadmissibility and Waivers Dictionary, referencia para abogados de inmigración sobre causales de inadmisibilidad y waivers federales.

Employment Based Immigrant Visas, guía práctica sobre visas de inmigrante basadas en empleo.

The Visa Dictionary, diccionario de referencia sobre categorías y procedimientos de visa.

Paralegal Institute of the Americas | Coral Gables, Florida

PRÓLOGO

Llevo treinta años de pie ante jueces de inmigración, y en ese tiempo he aprendido algo que este libro explica mejor de lo que yo mismo podría explicarlo: el expediente habla con las evidencias, y habla a través del abogado que sabe presentarlas. Cuando ese abogado no entiende lo que tiene en las manos, el expediente calla, o peor, miente.

He visto casos legítimos, con fundamento real, con clientes que merecían protección, debilitarse frente al juez no porque el relato de persecución fuera falso, sino porque no existía manera de verificar con rigor la evidencia documental venezolana que lo sostenía. No había a quién consultar. No había un estándar contra el cual comparar un documento. No había literatura especializada a la que un abogado pudiera acudir un domingo por la noche, preparando una audiencia del lunes. Ese no es un problema de credibilidad del cliente. Es un vacío del sistema que ningún abogado, por experimentado que sea, puede llenar solo.

Conozco a Rolnar Sanabria desde 2018, pero fue apenas hace unos meses, en una conversación sobre precisamente ese vacío, cuando entendimos que había que escribir este libro: en esta materia no existe material especializado, no hay expertos accesibles para el abogado promedio, no hay un estándar de comparación. Por eso dimos este paso: para cubrir una necesidad real de todo el conglomerado que hace vida en el sistema de inmigración. Su trayectoria habla por sí sola: fundador y Presidente Ejecutivo del Latino Institute for Security

Efficiency, con una red de expertos asociados en documentología, criminalística e investigación penal; reconocido por la Oficina del Alto Comisionado de las Naciones Unidas para los Derechos Humanos como fuente, conferencista internacional, y hoy una de las voces más consultadas sobre el crimen organizado de Venezuela.

Escribo este prólogo en un momento particularmente crítico para publicarlo. El 26 de mayo de este año, el Asesor Jurídico General del DHS instruyó a ICE a desarrollar políticas más agresivas contra abogados de inmigración acusados de presentar casos de asilo sin fundamento. El 28 de julio, USCIS puso en vigor una regla interina que permite remitir directamente a corte, sin entrevista previa, determinados casos de asilo afirmativo. El 5 de agosto, USCIS reforzó aún más los estándares de evidencia inicial, autorizando a sus oficiales a denegar solicitudes sin emitir previamente una Solicitud de Evidencia (RFE) ni una Notificación de Intención de Denegar (NOID) cuando el solicitante no demuestre su elegibilidad desde el momento mismo de la presentación. Y de fondo, el estatus migratorio de cientos de miles de venezolanos permanece sujeto a la incertidumbre de decisiones judiciales que se suceden con una velocidad que ningún abogado de inmigración recuerda haber visto antes. El sistema que todos conocíamos está siendo rediseñado en tiempo real, con menos margen de error para todos: el gobierno, los jueces, y sobre todo los abogados que representamos a estas personas.

En un entorno así, la tentación es replegarse: presentar menos casos, arriesgar menos, dudar de todo. Yo creo lo contrario. Creo que este es exactamente el momento en que los abogados de inmigración necesitamos saber más, no menos, para poder distinguir con total claridad un caso que merece pelearse de uno que no, y para poder defender el primero con una solidez documental que no deje espacio a la política antifraude del gobierno para tocarlo. No se trata de bajar la guardia frente al escrutinio. Se trata de que ese escrutinio, cuando llegue, se encuentre con un expediente que resista.

Esa es, en última instancia, la razón por la que este libro importa ahora. No es un manual defensivo escrito por miedo. Es una herramienta ofensiva escrita por conocimiento, construida para que los casos que de verdad tienen fundamento salgan fortalecidos, y para que los abogados que los representan puedan orientar a sus clientes hacia las alternativas reales que existen dentro de un sistema que, aunque está cambiando, sigue teniendo espacio para la justicia cuando se le presenta la evidencia correcta, de la manera correcta. Un sistema migratorio más riguroso solo puede ser un sistema más justo si quienes litigan ante él están igual de preparados que quienes lo diseñan. Ese es, sin rodeos, el propósito de esta obra.

Los primeros seis capítulos, obra de Rolnar, son la inteligencia documental que a mí me habría tomado una vida entera reconstruir solo. Los dos últimos son mi intento de traducir esa inteligencia al lenguaje del expediente, la audiencia y la objeción del gobierno. Ninguno de los dos habría podido escribir este libro solo. Por eso lo escribimos juntos.

Alexander J. Alfano, J.D.
Coral Gables, Florida, 2026

Capítulo 1: El Sistema Documental Venezolano

Contexto Institucional, Crisis y Su Impacto en la Evidencia Migratoria

1.1. Introducción: Por Qué Importa Este Libro

Cada año, miles de venezolanos se presentan ante las cortes de inmigración de los Estados Unidos portando documentos que, en teoría, acreditan su identidad, su persecución, su estado civil, sus antecedentes judiciales o su condición de víctimas. Algunos de esos documentos son auténticos. Otros no lo son. Y muchos otros están en una zona gris que solo un análisis especializado puede descifrar.

El problema no es que los venezolanos sean fraudulentos. El problema es que el Estado venezolano, como institución emisora de documentos, ha colapsado. Y ese colapso ha generado un ecosistema documental sin precedentes: documentos auténticos pero con datos alterados, documentos emitidos por funcionarios corruptos con información falsa, documentos completamente fabricados que imitan la forma oficial, y documentos legítimos que no pueden verificarse porque la institución que los emitió ya no existe o no responde.

Este libro nace de la necesidad práctica de tender un puente entre dos mundos que raramente se comunican: el mundo del sistema documental venezolano, con toda su complejidad institucional, histórica y forense, y el mundo del sistema legal migratorio estadounidense, con sus reglas de evidencia, sus estándares de autenticación y sus expectativas sobre cómo debe verse y comportarse un documento extranjero "auténtico".

El autor de esta primera parte, el Dr. Rolnar Sanabria, no escribe únicamente desde la academia. Si bien su formación en Derecho Probatorio, Criminalística, Derecho Administrativo, Derecho Penal y Derecho Procesal Penal (tanto en pregrado como en estudios de postgrado) le proporciona el andamiaje teórico necesario para el análisis que sigue, es la experiencia acumulada en el campo la que distingue este libro de cualquier análisis puramente académico. Desde 2011 se desempeñó como Fiscal de Drogas en el estado Sucre, en la costa venezolana del Mar Caribe, una región marcada por el tráfico internacional de estupefacientes y el crimen organizado transnacional. Desde 2013 ejerció como Fiscal 7° del Ministerio Público en San Cristóbal, estado Táchira, en la frontera colombo-venezolana, uno de los corredores de mayor actividad criminal del hemisferio. En ambas posiciones conoció de primera mano cómo se producen, se usan y se alteran los documentos que hoy llegan a las cortes de inmigración en Texas, Florida, Nueva York y California. Desde 2011, además, ha dictado de forma continua charlas de actualización a funcionarios de investigación criminal sobre escena del crimen, sitio del suceso, prevención del delito, falsificación de documentos, estafas, fraudes y delincuencia organizada, formación que alimenta directamente el análisis forense-documental de este libro. En el plano internacional, el Dr. Sanabria ha presentado su investigación ante la International Association for Identification (IAI) en su 109ª Conferencia Internacional en Orlando, Florida (2025) (la organización forense más antigua y reconocida del mundo) y ante el IV Congreso Internacional Forense de la IAI División Colombia, en Medellín (2025). Esta combinación de formación académica multidisciplinaria, práctica prosecutorial en dos de las regiones más complejas de Venezuela, formación continua de investigadores criminales y proyección internacional en foros forenses es la perspectiva única desde la que está escrita la Parte I de este libro.

NOTA PARA EL PROFESIONAL LEGAL: Este capítulo es lectura obligatoria antes de presentar cualquier documento venezolano ante una corte de inmigración. Comprender el contexto institucional es la base para evaluar correctamente la autenticidad de cualquier pieza documental.

1.2. Breve Historia del Sistema de Identificación Venezolano

Para entender el documento venezolano de hoy, hay que entender la institución que lo creó y la historia que la moldeó.

1.2.1. Los Antecedentes: Cuatro Siglos sin Documento de Identidad

Durante cuatro siglos, desde la época colonial hasta bien entrado el siglo XX, la única fuente de identificación formal en Venezuela fue el Libro Bautismal de las iglesias parroquiales. No existía un documento portátil que permitiera a una persona acreditar su identidad fuera de su comunidad de origen. Para casarse, comprar una propiedad o iniciar un proceso judicial, bastaba la fe del registrador público más dos testigos. El resultado fue predecible: personas que cambiaban de nombre o variaban su edad al ser registradas tardíamente, inconsistencias en fechas de nacimiento, y una cultura de identidad que dependía más del testimonio comunitario que de la prueba documental.

Esta herencia colonial tiene consecuencias directas para el trabajo legal migratorio actual. Los venezolanos mayores de sesenta años pueden tener discrepancias entre su partida de nacimiento y sus documentos de identidad posteriores que no son indicativas de fraude, sino de las deficiencias históricas de un sistema de registro que tardó décadas en modernizarse.

1.2.2. El Nacimiento de la Cédula (1924–1942)

El origen formal del sistema de identificación venezolano se remonta a 1924, cuando el abogado Guillermo Pablo Soublette propuso al Ministerio de Relaciones Interiores la creación de una Oficina de Identificación Científica. La propuesta se inspiraba en el sistema inglés de Edward Henry, que utilizaba las huellas dactilares como método de identificación personal. La necesidad de control migratorio se hizo urgente ante los grandes movimientos poblacionales provocados por la Segunda Guerra Mundial y la inmigración hacia América Latina.

En julio de 1938, la Ley del Servicio Nacional de Seguridad introdujo las primeras disposiciones sobre identificación personal con fines civiles, policiales, judiciales, electorales y de control de extranjeros. El Servicio de Identificación comenzó operaciones formalmente en 1941, y el 3 de noviembre de 1942 se emitió la primera cédula de identidad venezolana: el número V-00001, otorgado al General Isaías Medina Angarita, entonces Presidente de la República.

Desde ese momento, Venezuela comenzó a construir su sistema de identificación ciudadana. La institución encargada cambió de nombre en varias ocasiones a lo largo de las décadas: primero fue el Sistema de Identificación Ciudadana, luego la Dirección de Identificación y Extranjería (DIEX), después la Oficina Nacional de Identificación y Extranjería (ONIDEX), hasta que en 2009, mediante el Decreto Nº 6.733 del 9 de junio, se creó el actual Servicio Administrativo de Identificación, Migración y Extranjería (SAIME), bajo la tutela del

Ministerio del Poder Popular para Relaciones Interiores, Justicia y Paz.[1]

1.2.3. La Misión Identidad (2004–2006): Masificación con Consecuencias

En abril de 2004, el gobierno de Hugo Chávez lanzó la Misión Identidad como una iniciativa de inclusión social. El diagnóstico era real: en 2003, siete de cada diez venezolanos carecían de cédula de identidad laminada. La misión se propuso saldar esa deuda social otorgando el documento de identidad de manera inmediata, gratuita y a través de unidades móviles desplegadas en todo el territorio nacional. El resultado cuantitativo fue impresionante: entre 2004 y 2006 se emitieron más de 18 millones de documentos, incluyendo por primera vez cédulas especiales para comunidades indígenas.

Sin embargo, la velocidad del proceso tuvo un costo documental significativo. Al priorizar la cantidad sobre la rigurosidad verificatoria, el sistema relajó los controles de comprobación de la identidad solicitada. El resultado fue un parque masivo de cédulas de

---

[1] Servicio Administrativo de Identificación, Migración y Extranjería (SAIME), "Misión y Visión," saime.gob.ve (consultado en 2026) (relatando la propuesta de 1924 del Dr. Guillermo Pablo Soublette de crear una Oficina de Identificación Científica inspirada en el sistema del inglés Edward Henry, la Ley del Servicio Nacional de Seguridad de 1938, y la creación del SAIME mediante el Decreto N.º 6.733 del 9 de junio de 2009).

identidad en el que coexistían documentos con fotografías digitalizadas de baja calidad y mínimos elementos de seguridad, emitidos en un sistema automatizado que imprimía el documento en menos de cinco minutos pero que, como reconoció la propia Wikipedia venezolana, "reducía significativamente la seguridad y calidad del mismo". Para enero de 2010, se habían cedulado a más de 27 millones de venezolanos, aunque el sistema automatizado solo reconocía los primeros 20 millones de registros.

RELEVANCIA PARA LA CORTE: Los documentos emitidos durante la Misión Identidad (2004–2006) presentan características de seguridad inferiores a los documentos anteriores y posteriores. Un abogado que enfrente una objeción de autenticidad sobre una cédula de ese período debe poder explicar estas características contextuales al juez.

1.3. El SAIME: Estructura, Competencia y Estado Actual

El SAIME es el eje central del sistema documental venezolano. Como institución, concentra la emisión de los dos documentos de identidad más relevantes para los casos migratorios: la cédula de identidad y el pasaporte. Entender su estructura es entender las vulnerabilidades del sistema.

1.3.1. Funciones y Atribuciones

El SAIME tiene tres categorías principales de servicios: identificación (emisión y renovación de cédulas y pasaportes, recuperación y renuncia de nacionalidad), migración (control de movimientos migratorios, suspensión de medidas de prohibición de salida impuestas por tribunales), y extranjería (regularización de ciudadanos extranjeros, emisión de cédulas de transeúnte y residente).

La Ley Orgánica de Identificación, publicada en la Gaceta Oficial N° 38.458 del 14 de junio de 2006, establece que la identificación es un derecho humano y un elemento básico para el ejercicio de los actos civiles, mercantiles y administrativos. Esta norma también tipifica como delito el uso de cédula falsificada o adulterada, pero la capacidad del Estado venezolano para perseguir ese delito ha sido progresivamente erosionada.

1.3.2. El Colapso Institucional del SAIME (2015–Presente)

A partir de 2015, el SAIME comenzó a experimentar una crisis estructural que transformó radicalmente su capacidad operativa. En marzo de 2017, la institución reportó escasez de materiales para la emisión de pasaportes, logrando emitir apenas 300.000 de las 1.8 a 3 millones de solicitudes anuales. Este déficit operacional no fue neutral: creó un mercado negro de documentos que, paradójicamente, el propio SAIME alimentó al establecer esquemas paralelos de emisión a precios dolarizados que solo una minoría podía pagar.

Los costos se dispararon. El precio de un pasaporte nuevo llegó a aproximadamente USD 200, convirtiendo al pasaporte venezolano en uno de los más costosos del mundo para sus ciudadanos. La ausencia de sedes consulares operativas en los países de acogida de la diáspora, los trámites burocráticos excesivamente lentos y la obligación de realizar gestiones de forma presencial en Venezuela crearon un entorno propicio para redes de estafa a través de redes sociales que comerciaban con documentos, muchos de ellos fraudulentos.

En plataformas como Facebook surgieron grupos con miles de seguidores que ofrecían servicios de obtención de cédulas, pasaportes, actas de matrimonio y otros documentos a precios dolarizados. Este fenómeno (documentado ampliamente por medios como Efecto Cocuyo) no es anecdótico: es el contexto operativo en el que deben entenderse los documentos venezolanos que llegan a las cortes de inmigración estadounidenses.

1.3.3. La Crisis Documental como Contexto de los Casos de Asilo

Para el abogado de inmigración, este contexto tiene una implicación directa: un documento venezolano con apariencia imperfecta, con inconsistencias menores o con dificultades de verificación no es automáticamente falso. Puede ser el resultado de un sistema institucional que colapsó. La pregunta correcta no es "¿por qué este documento no se ve perfecto?" sino "¿qué explican las condiciones del SAIME sobre las características de este documento específico?"

Esta distinción es fundamental. La diferencia entre un documento auténtico emitido en condiciones de crisis institucional y un documento fraudulento fabricado para engañar a la corte requiere análisis especializado, no presunciones.

> *ARGUMENTO LEGAL: En Matter of S-M-J-, 21 I&N Dec. 722 (BIA 1997), la BIA estableció que tanto el Gobierno como el juez de inmigración tienen un rol en la introducción de evidencia en el expediente. El abogado defensor puede (y debe) presentar evidencia contextual sobre las condiciones documentales en Venezuela para ayudar al juez a evaluar correctamente la autenticidad.*

1.4. El Ecosistema del Fraude Documental Venezolano

El fraude documental venezolano no es un fenómeno uniforme. Existen al menos cuatro categorías distintas que el profesional legal debe aprender a diferenciar, porque cada una tiene implicaciones diferentes para el caso.

Esta tipología no es improvisada: desde el tratado fundacional de Osborn, el examen forense de documentos distingue tres fraudes distintos —el documento fabricado desde cero, el genuino alterado y el genuino con contenido falso—, y la literatura reciente añade que cada falsificación deja un rastro sobre quién la produjo, no solo si es falsa.[2]

1.4.1. Falsificación Institucional

La forma más compleja y difícil de detectar de fraude documental es aquella que ocurre dentro de la propia institución emisora. En Venezuela, esto se ha documentado en distintos niveles: funcionarios del SAIME que alteraban datos en documentos auténticos antes de emitirlos, supervisores que autorizaban la emisión de documentos con información falsa a cambio de pagos, y redes organizadas que utilizaban acceso al sistema institucional para crear "identidades paralelas".

El caso más emblemático a nivel internacional fue la investigación conjunta de CNN y CNN en Español en 2017, conocida como "Passports in the Shadows", que documentó cómo empleados de la embajada venezolana en Bagdad, Irak, vendían pasaportes y visas a ciudadanos de países de Medio Oriente, incluyendo individuos con presuntos vínculos con Hezbolá. El departamento del SAIME confirmaba la autenticidad de esos pasaportes porque cada uno venía con un número nacional de identificación asignado, aunque los

---

[2] Albert S. Osborn, Questioned Documents (2ª ed. 1929); véase también Kirsty L. Devlin et al., "Forensic intelligence: Expanding the potential of forensic document examination," WIREs Forensic Science (2024).

nombres habían sido alterados en la base de datos nacional. Al menos un individuo cambió su país de nacimiento de Irak a Venezuela en el sistema.[3]

Lo que este caso ilustra no es simplemente corrupción consular. Ilustra que un documento puede ser técnicamente "auténtico" desde el punto de vista de los elementos físicos de seguridad y, sin embargo, contener información completamente falsa inscrita por la propia institución emisora. Esta distinción (entre autenticidad física y veracidad del contenido) es crítica para el análisis forense documental.

Un elemento forense frecuentemente subestimado en la evaluación de documentos venezolanos es la microinformación contextual que rodea al documento: la firma o media firma del funcionario, verificable por comparación con otras firmas conocidas del mismo en el mismo período, el sello húmedo institucional con su diseño, tinta y presión característicos de cada dependencia, la hora de recibido estampada en documentos procesales, el número de folio manuscrito en los libros de registro. Cada uno de estos elementos es, por sí mismo, un punto de verificación o de alerta. La acumulación de inconsistencias menores, una firma atípica, un sello de diferente tonalidad, una hora de recibido incompatible con el horario de

---

3 Scott Zamost, Drew Griffin, Kay Guerrero & Rafael Romo, "Venezuela may have given passports to people with ties to terrorism," CNN, 8 de febrero de 2017 (documentando la investigación conjunta de CNN y CNN en Español conocida como "Passports in the Shadows").

atención de la dependencia, construye la evidencia forense que puede revelar la falsedad de un documento que, examinado de manera aislada, parecería auténtico. Este nivel de análisis no puede realizarse por un preparador de formularios, ni por un software de reconocimiento de imágenes: requiere conocimiento institucional específico del sistema venezolano.

1.4.2. Falsificación Privada

Un caso paradigmático de falsificación de documentos de estado civil venezolanos, que ilustra perfectamente cómo el fraude documental trasciende el contexto migratorio para penetrar otras esferas de interés internacional, es el de las actas de nacimiento alteradas de jugadores de béisbol venezolanos. Durante años, agentes y representantes de peloteros venezolanos han alterado o sustituido actas de nacimiento para declarar que el jugador tiene menor edad de la que realmente posee. La motivación es estrictamente comercial: las Grandes Ligas de Béisbol (MLB) tienen una preferencia marcada por jugadores jóvenes con potencial de desarrollo. Un jugador de 22 años tiene posibilidades de firma muy superiores a uno de 25 años, a pesar de tener exactamente las mismas capacidades atléticas. El resultado es que el mercado del béisbol venezolano ha generado una industria paralela de alteración de actas de nacimiento que funciona con los mismos mecanismos (y frecuentemente las mismas redes) que el fraude documental migratorio.

La MLB ha desarrollado mecanismos específicos de verificación biométrica (huellas dactilares, ADN) para combatir este tipo de fraude, con casos documentados de jugadores suspendidos y contratos anulados. El paralelismo con el sistema migratorio es directo: los mismos documentos (actas de nacimiento venezolanas), las mismas modalidades de fraude (inscripción tardía fraudulenta, alteración de datos), y las mismas redes de facilitadores que operan entre Venezuela y el exterior. Para el profesional legal, este paralelismo tiene valor probatorio: la existencia de un mercado documentado de falsificación de actas de nacimiento venezolanas en el contexto del béisbol corrobora la realidad del mismo mercado en el contexto migratorio.

La falsificación privada implica la manufactura de documentos que imitan la apariencia oficial sin haber pasado por el sistema institucional. En Venezuela, esta industria ha evolucionado significativamente con el avance tecnológico. Los métodos más comunes incluyen:

> Sustitución fotográfica: el método más antiguo y más detectado. Consiste en reemplazar la fotografía original del titular por una nueva, ya sea mediante manipulación del laminado o mediante técnicas de impresión que imitan el proceso original. Deja rastros característicos como bordes irregulares en la fotografía, inconsistencias en el laminado y diferencias en el brillo.
>
> Alteración de datos impresos: modificación de fecha de nacimiento, nombre u otros datos mediante raspado, aplicación

de solventes o sobreimpresión. Produce zonas de diferente reflectancia visibles bajo iluminación rasante o luz ultravioleta.

Clonación completa: fabricación de un documento nuevo que imita visualmente el original, utilizando materiales similares pero no idénticos. La detección requiere análisis de los elementos de seguridad de nivel 2 y 3 que no pueden reproducirse con equipos convencionales.

Uso de identidades reales de terceros: utilización de números de cédula asignados a personas reales (incluyendo fallecidos) para documentos con fotografías y datos del solicitante fraudulento. Esto es particularmente difícil de detectar mediante verificación visual, pero puede identificarse mediante verificación cruzada con bases de datos.

1.4.3. La Zona Gris: Documentos Auténticos con Información Falsa Legalmente Emitida

Existe una categoría que no encaja claramente en ninguna de las dos anteriores: documentos físicamente auténticos, emitidos por la institución oficial, pero que contienen información falsa que el propio solicitante proporcionó y que el funcionario no verificó adecuadamente. Este tipo de situación es frecuente en contextos de crisis institucional donde los controles de verificación son deficientes.

Para el caso migratorio, esta categoría plantea dilemas éticos y legales complejos. Un cliente puede presentar una cédula formalmente auténtica pero con un nombre que difiere del que aparece en su partida de nacimiento porque fue inscrito incorrectamente. ¿Es ese documento un fraude? Depende del contexto, y el contexto requiere análisis especializado.

1.4.4. El Fraude por Inacción Institucional

La cuarta categoría es quizás la más relevante para los casos de asilo: la imposibilidad de obtener un documento auténtico por las restricciones impuestas por el propio Estado venezolano. Los casos de activistas políticos, periodistas, exfuncionarios y opositores a quienes el gobierno venezolano ha cancelado pasaportes, bloqueado cédulas o dificultado la renovación de documentos representan una forma de persecución a través del control documental.

Freedom House ha documentado el uso de la cancelación o retención de pasaportes como herramienta de represión política en Venezuela. Para estos casos, la ausencia del documento (o la presencia de un documento vencido imposible de renovar) no es evidencia de fraude: es evidencia de persecución.

1.4.5. Las Redes Transnacionales: El Eje Venezuela-Estados Unidos del Fraude Documental

El fraude documental venezolano no es un fenómeno exclusivamente doméstico. Existe un ecosistema organizado que opera transnacionalmente, con células activas en Estados Unidos conectadas en tiempo real con fabricadores de documentos en

Venezuela. Estas redes utilizan plataformas de mensajería cifrada (principalmente WhatsApp y Telegram) para coordinar pedidos, enviar fotografías de los solicitantes, acordar pagos en dólares o criptomonedas, y recibir imágenes de alta resolución de los documentos producidos. El producto final puede ser un pasaporte, una cédula de identidad, una denuncia CICPC, un informe médico forense, un acta de defunción, o cualquier combinación de estos que forme el "paquete documental" que el cliente necesita para su solicitud de asilo o beneficio migratorio.

El derecho internacional ya le puso nombre a esto: la Convención de Palermo define al "grupo delictivo organizado" como tres o más personas que operan de forma concertada para cometer delitos graves, y su Protocolo contra el Tráfico Ilícito de Migrantes tipifica expresamente la producción, facilitación y posesión de "documentos de viaje o de identidad fraudulentos" como delito autónomo.[4] Las redes venezolanas descritas aquí encajan en esa definición sin necesidad de forzar el concepto.

La sofisticación de estas redes varía significativamente. En el nivel más básico, operan individuos con acceso a impresoras de alta calidad y sellos clonados que producen falsificaciones de calidad media, detectables por un examinador entrenado. En el nivel intermedio, operan redes que tienen acceso a funcionarios corruptos dentro del

---

4 Convención de las Naciones Unidas contra la Delincuencia Organizada Transnacional (Convención de Palermo, 2000), art. 2(a); Protocolo contra el Tráfico Ilícito de Migrantes por Tierra, Mar y Aire, arts. 3(c), 6.

sistema venezolano, lo que les permite producir documentos "auténticos", producidos por las instituciones reales, con sellos reales, en los sistemas oficiales, pero con datos completamente fabricados. En el nivel más sofisticado, operan grupos que combinan la producción de documentos con la manipulación de registros digitales, alterando bases de datos institucionales para que la verificación en línea confirme la autenticidad de documentos cuyo contenido es fraudulento.

Para el sistema migratorio estadounidense, esta realidad tiene implicaciones directas: los documentos fraudulentos que llegan a las cortes de inmigración no son siempre el producto de artesanos improvisados. Son, con creciente frecuencia, el producto de operaciones organizadas y bien financiadas que conocen exactamente qué necesita el sistema migratorio para conceder el beneficio y producen los documentos diseñados para satisfacer ese requerimiento. Detectarlos requiere más que verificación visual: requiere análisis contextual, verificación cruzada, y conocimiento del sistema que los produce.

1.5. Las Instituciones Venezolanas Emisoras de Documentos: Mapa Completo

El profesional legal que trabaja con casos venezolanos debe tener claridad sobre qué institución emite cada tipo de documento, cuál es su competencia territorial, y cuál es su estado operativo actual. Esta sección presenta ese mapa institucional.

1.5.1. SAIME: Identificación y Migración

El SAIME emite la cédula de identidad y el pasaporte venezolano. Es la institución central del sistema de identificación. Su sede principal está en Caracas, con oficinas regionales en todos los estados del país. Como se ha documentado, su capacidad operativa ha sufrido deterioro significativo desde 2015, lo que ha generado mercados informales y oportunidades para el fraude.

1.5.2. Registro Civil: Estado Civil y Nacimientos

El Registro Civil, supervisado originalmente por el Consejo Nacional Electoral (CNE) y actualmente en proceso de transición administrativa, es la institución responsable de las actas de nacimiento, matrimonio y defunción. A diferencia del SAIME, el Registro Civil opera a través de oficinas municipales distribuidas en todo el país, con importantes variaciones de calidad y acceso entre regiones urbanas y rurales. El colapso de muchas de estas oficinas, especialmente en zonas fronterizas y rurales, ha generado un vacío que alimenta tanto la apatridia como el fraude documental.

1.5.3. Ministerio Público (Fiscalía General de la República)

El Ministerio Público, a través de sus fiscales adscritos, emite los documentos del proceso penal: denuncias formalizadas, actos conclusivos, imputaciones, sobreseimientos. Como ex Fiscal del Ministerio Público, el autor de este capítulo tiene conocimiento directo de la estructura interna de estos documentos, su numeración, sus sellos y las firmas de los funcionarios competentes. Estos documentos son críticos en los casos de asilo donde el solicitante alega haber sido víctima o testigo de un delito, o haber denunciado a actores estatales.

1.5.4. CICPC: Investigación Criminal

El Cuerpo de Investigaciones Científicas, Penales y Criminalísticas (CICPC) es el principal organismo de investigación criminal de Venezuela. Emite dos tipos de documentos relevantes para los casos migratorios: las actas de denuncia (cuando una persona reporta un delito a este organismo) y los informes forenses (producidos por su Departamento de Ciencias Forenses). Ambos tipos de documentos tienen formatos y elementos de autenticidad específicos que serán analizados en detalle en el Capítulo 4.

1.5.5. SEBIN y DGCIM: Inteligencia y Contrainteligencia

El Servicio Bolivariano de Inteligencia Nacional (SEBIN) y la Dirección General de Contrainteligencia Militar (DGCIM) son organismos de seguridad del Estado cuya documentación aparece frecuentemente en casos de persecución política. Sus documentos (órdenes de arresto, citaciones, notificaciones) tienen características específicas y son especialmente susceptibles de fabricación, tanto por parte de actores fraudulentos como, paradójicamente, por el propio Estado para documentar persecuciones que dejan evidencia escrita.

1.5.6. Notarías Públicas y Registros Subalternos

Las Notarías Públicas y los Registros Subalternos son instituciones del sistema notarial y registral venezolano. Las primeras autentican actos jurídicos (poderes, declaraciones, contratos), mientras que los segundos protocolizan documentos con efectos jurídicos frente a terceros (compraventas, hipotecas). Ambos sistemas han sido afectados por la crisis institucional venezolana, con oficinas cerradas, funcionarios sin nombramiento formal y sistemas de archivo deteriorados.

1.5.7. IVSS e Instituciones de Salud

El Instituto Venezolano de los Seguros Sociales (IVSS) y la red hospitalaria pública son fuente de informes médicos relevantes para casos de asilo (documentación de torturas, lesiones, condiciones de salud). El colapso del sistema de salud venezolano (que el propio gobierno reconoció parcialmente) ha generado documentos médicos de calidad variable y, en algunos casos, documentos fabricados que no corresponden a establecimientos reales o a médicos existentes.

1.6. El Contexto Americano: Por Qué Este Libro Es Necesario Ahora

El 26 de mayo de 2026, el Asesor General del Departamento de Seguridad Nacional (DHS), James Percival, emitió una directiva instruyendo a los abogados del ICE para que inicien acciones de cumplimiento contra los abogados de inmigración que presenten solicitudes de asilo fraudulentas, invocando el 8 U.S.C. § 1324c(d). Esta directiva no creó una nueva ley. Ejecutó una que ya existía: el mismo compromiso con la integridad del sistema migratorio americano codificado en la Ley de Inmigración de 1891, la Ley de Inmigración y Nacionalidad de 1952, y la Ley de Refugiados de 1980.

Lo que la directiva señala es una falla estructural específica: la ausencia sistemática de profesionales con conocimiento directo y actualizado del sistema de justicia penal venezolano. Esa ausencia ha permitido el fraude documental generalizado, no porque los abogados hayan actuado de mala fe, sino porque las herramientas para detectarlo nunca existieron en el mercado americano. Por primera vez en la historia del sistema migratorio de los Estados Unidos, el abogado que presenta el caso puede ser el que está bajo investigación.

1.6.1. La Tradición Americana: Apertura con Proceso

Los Estados Unidos son conocidos como una nación de inmigrantes. Sin embargo, esos inmigrantes fueron admitidos a través de un proceso. La Ley de Naturalización de 1790, primera legislación migratoria del Congreso, estableció que la admisión a la ciudadanía requería una determinación afirmativa de elegibilidad. El Steerage Act de 1819 estableció el primer requisito federal de identificación para quienes ingresaban al país: manifiestos formales y registros de cada pasajero entrante.

Entre 1892 y 1954, la Isla Ellis procesó a más de 12 millones de inmigrantes en el puerto de Nueva York. Aproximadamente el 40 por ciento de los americanos actuales descienden de personas que pasaron por sus salas. Pero Ellis Island no fue un símbolo de apertura sin proceso. Fue un símbolo de apertura con proceso. Cada inmigrante enfrentó examen médico, inspección legal y verificación documental. Los inspectores cotejaban manifiestos de pasajeros, formulaban 29 preguntas estandarizadas y verificaban la identidad de cada individuo.

El sistema funcionó porque los países de origen cooperaban con la verificación. El problema estructural en los casos venezolanos es que Venezuela se ha negado sistemáticamente a cooperar con cualquier mecanismo internacional de verificación. El modelo de Ellis Island nunca fue diseñado para un Estado que destruye deliberadamente la confiabilidad de sus propios registros institucionales.

1.6.2. La Magnitud del Problema: Cifras que el Abogado Debe Conocer

Para el año 2024, la población de origen venezolano en los Estados Unidos había alcanzado aproximadamente 1.2 millones de personas, un aumento del 119 por ciento en cinco años, el crecimiento más rápido de cualquier grupo hispano en el país. Venezuela se ha mantenido entre los tres principales países de origen de asilo concedido durante tres años consecutivos (2021-2023), dentro de un sistema que actualmente acumula 2.358.546 solicitudes pendientes ante las cortes de inmigración, la cifra más alta jamás registrada.

En 2014, un informe del DHS obtenido por el Comité Judicial de la Cámara de Representantes encontró que al menos el 70 por ciento de los casos de asilo contenían fraude probado o probable.[5] Si esa tasa se mantiene, los contribuyentes americanos han estado siendo defraudados por cientos de millones, si no miles de millones de dólares anuales. Esta preocupación es bipartidista: los conservadores fiscales objetan el gasto desperdiciado, y los defensores de la

---

5 Jessica M. Vaughan, "House Hearing on Asylum Reveals Rampant Fraud, More Abuse of Executive Discretion," Center for Immigration Studies, 11 de febrero de 2014 (relatando el hallazgo del Comité Judicial de la Cámara de que solo el 30% de una muestra de casos de asilo de USCIS resultó libre de fraude). Para una lectura crítica de esta cifra, véase Nathan Szabados, "Reframing Credible Fear in an Age of Restrictionism," Homeland Security Affairs (marzo de 2023) (documentando que la cifra del 70% proviene de un estudio interno de USCIS inconcluso de 2005, mal interpretado en las audiencias legislativas de 2014).

inmigración reconocen que las solicitudes fraudulentas consumen recursos que deberían servir a los refugiados genuinos.

Cada caso fraudulento que consume recursos judiciales es un caso que no estuvo disponible para un venezolano que genuinamente huyó de la persecución. El fraude documental en asilo no es un crimen sin víctimas: es un crimen contra los venezolanos que más necesitan protección.

1.6.3. El Costo para el Abogado de Buena Fe

Los abogados que presentaron documentos venezolanos fraudulentos de buena fe no son los villanos de esta historia. Son las víctimas de una falla estructural en el mercado de servicios de expertos. No fallaron por falta de diligencia. Fallaron porque las herramientas para ejercer esa diligencia nunca existieron en el mercado americano.

Las Reglas Modelo de la ABA siempre han exigido lo que la directiva ahora hace cumplir. La Regla 1.1 exige representación competente; para los casos venezolanos, eso requiere comprender que los documentos institucionales venezolanos no pueden autenticarse a través de ningún sistema federal existente. La Regla 3.3 prohíbe declaraciones falsas a sabiendas; el estándar de conocimiento debe leerse a la luz del deber de verificar. La Regla 3.4 prohíbe el uso de evidencia que el abogado sabe que es falsa. Donde la verificación estaba disponible y no fue buscada, la defensa de "no lo sabía" queda sustancialmente debilitada.

1.6.4. Taxonomía del Riesgo: Documentos Venezolanos por Nivel de Falsificación

Basado en el conocimiento institucional directo del autor, mantenido a través de investigación continua y redes de fuentes activas, las siguientes categorías presentan el mayor riesgo de falsificación en los expedientes de asilo venezolano ante las cortes de inmigración de los Estados Unidos:

La denuncia penal (Denuncia CICPC) ante las delegaciones y subdelegaciones nacionales del CICPC representa riesgo crítico. El informe médico forense de la Unidad de Medicina Legal del CICPC también es de riesgo crítico. Los documentos del SEBIN (detención e inteligencia) son igualmente de riesgo crítico. Las actas del Registro Civil, incluyendo partidas de nacimiento, matrimonio y divorcio, representan riesgo alto. Los actos policiales de la PNB y las 23 policías estadales son de riesgo alto. Las evaluaciones psicológicas de psicólogos del MPPS y de la División del CICPC son de riesgo alto. Las cartas de verificación de empleo público de ministerios y entes estadales representan riesgo medio-alto. Y los certificados de membresía en partidos políticos venezolanos son de riesgo alto.

La categoría del Registro Civil merece atención especial. El organismo venezolano conocido como SAREN ha experimentado tres cambios de formato desde 2001, y el colapso institucional del SAIME y el SAREN durante 2019-2022 generó irregularidades generalizadas que hacen que la autenticación sea simultáneamente más urgente y más compleja. Esta realidad explica por qué los Capítulos 3 y 4 de este libro dedican atención particular a esos documentos.

1.6.5. La Directiva del 26 de Mayo como Punto de Inflexión

La directiva del DHS del 26 de mayo de 2026 no es una ruptura con la tradición migratoria americana. Es un regreso a ella. Desde el Steerage Act de 1819 hasta Ellis Island y la Ley de Refugiados de 1980, los Estados Unidos siempre han requerido que quienes buscan admisión demuestren su elegibilidad a través de un proceso verificable. Lo que la directiva hace es restaurar ese principio en el contexto específico de los casos venezolanos, donde la verificación se volvió estructuralmente imposible sin conocimiento especializado del sistema venezolano.

Esa misma tendencia se profundizó el 5 de agosto de 2026, cuando USCIS reforzó los estándares de evidencia inicial exigidos en toda solicitud migratoria, autorizando a sus oficiales a denegar una petición sin conceder previamente una Solicitud de Evidencia (RFE) ni una Notificación de Intención de Denegar (NOID) cuando el expediente no demuestre elegibilidad desde el momento mismo de la presentación. El mensaje para el profesional migratorio es inequívoco: ya no existe margen para completar un caso sobre la marcha. El expediente debe llegar completo, o no llega.

La solución no es una restricción a la inmigración. Es la restauración de la verificación. Y la verificación requiere una expertise que no puede obtenerse de una base de datos ni de un algoritmo: requiere un profesional que posea conocimiento directo y actualizado del sistema de justicia penal venezolano, que mantenga redes de fuentes activas, y que haya construido la infraestructura para verificar con el rigor que el derecho migratorio americano siempre ha exigido.

Este es el contexto en el que debe leerse el análisis documental que sigue en los capítulos posteriores. No como un ejercicio académico, sino como una respuesta práctica a una necesidad urgente que el sistema migratorio americano acaba de reconocer formalmente.

Capítulo 2: Documentos de Identidad Venezolanos

Cédula de Identidad y Pasaporte: Autenticidad, Estructura y Fraude

---

2.1. Introducción: El Documento de Identidad como Primera Pieza del Rompecabezas

En todo caso migratorio venezolano, la cédula de identidad y el pasaporte son la base de la identidad del solicitante. Antes de evaluar cualquier otro documento en el expediente (el acta de nacimiento, la denuncia penal, el informe médico forense) el juez de inmigración y el abogado de la defensa necesitan tener claridad sobre quién es la persona que está frente a ellos.

Este capítulo responde a esa pregunta desde tres ángulos: qué es el documento venezolano de identidad (su historia, su estructura, sus elementos de seguridad), cómo identificar si es auténtico o fraudulento (los indicadores forenses que distinguen el uno del otro), y cuál es su relevancia en el contexto del proceso migratorio estadounidense (para qué sirve ante la corte, qué certifica y qué no certifica).

2.2. La Cédula de Identidad Venezolana

2.2.1. Historia y Evolución del Formato

La historia de la cédula venezolana es, en esencia, la historia de un documento que nunca terminó de modernizarse al ritmo de las amenazas de falsificación. Desde su primer ejemplar emitido el 3 de noviembre de 1942 (el número V-00001, otorgado al presidente Isaías Medina Angarita) hasta la actualidad, el documento ha pasado por múltiples generaciones de formatos que el profesional legal debe ser capaz de distinguir.

Generación 1 (1942–1980): El Documento de Papel

Las primeras cédulas venezolanas eran documentos de papel con fotografía en blanco y negro, sellos manuales y firma del funcionario. No tenían elementos de seguridad tecnológicos. La verificación dependía exclusivamente del reconocimiento visual y la confrontación con el registro físico en las oficinas de identificación. Su valor probatorio ante una corte moderna es limitado sin corroboración adicional.

Generación 2 (1980–2003): La Cédula Laminada Tradicional

Este es el formato que la mayoría de los venezolanos mayores de cuarenta años reconoce como "la cédula tradicional". Se estandarizó el formato laminado con fotografía a color y sello húmedo. Se introdujeron mejoras progresivas en los materiales, pero el núcleo del documento seguía siendo susceptible de falsificación mediante la manipulación del laminado. La fotografía a color y la información biográfica se imprimían en un sustrato de papel cubierto por una lámina plástica termoencogible.

Generación 3 (2004–2022): La Cédula de la Misión Identidad

La masificación de la cedulación a partir de 2004 produjo documentos con una nueva arquitectura: fotografía digitalizada, datos biográficos impresos por computadora, y código de barras en el reverso. Sin embargo, como se señaló en el capítulo anterior, la velocidad de emisión comprometió la calidad de los elementos de seguridad. Estos documentos, que representan la mayoría de las cédulas vigentes en manos de la diáspora venezolana, tienen características de seguridad inferiores a sus predecesores y a los documentos actuales.

Generación 4 (2023–Presente): La Cédula con Código QR

A partir de 2023, el SAIME introdujo un nuevo formato de cédula con código QR que permite verificación digital rápida y mejora la seguridad contra falsificaciones. El portal de autogestión (siic.saime.gob.ve) eliminó, en teoría, la necesidad de largas filas presenciales y permite agendar citas en línea. En 2026, se han anunciado proyectos de cédula electrónica en formato TD1 (policarbonato, chip RFID, biometría multimodal) siguiendo los lineamientos de la OACI Doc 9303, aunque su implementación masiva está pendiente de confirmación.[6]

2.2.2. Estructura y Elementos de Autenticidad de la Cédula Vigente

Para evaluar la autenticidad de una cédula venezolana, el profesional debe conocer sus tres niveles de seguridad.

Nivel 1: Verificación Visual Directa (sin instrumentos)

Estos son los elementos que cualquier persona puede verificar con sus propios ojos o con el tacto:

Fotografía: En cédulas post-2004, la fotografía es digitalizada e impresa por computadora. Debe estar perfectamente integrada al

---

[6] Organización de Aviación Civil Internacional (OACI), Doc 9303, Documentos de Viaje de Lectura Mecánica (9.ª ed. 2021) (estableciendo los estándares internacionales de seguridad, biometría y zona de lectura automatizada aplicables a pasaportes y cédulas electrónicas).

fondo del documento, sin bordes perceptibles, sin diferencia de textura entre la fotografía y la superficie circundante.

Datos biográficos: Nombre, número de cédula (con la V-, E- según sea nacional o extranjero), fecha de nacimiento, sexo y estado civil. La tipografía debe ser uniforme, sin variaciones de tamaño o alineación.

Número de cédula: Los números V- corresponden a venezolanos por nacimiento o naturalización. Los E- corresponden a extranjeros residentes. La numeración sigue un sistema secuencial que puede verificarse por rangos: en términos generales, números V- por debajo de 10.000.000 corresponden a personas nacidas antes de 1990; los de la Misión Identidad (2004-2006) presentan asignaciones masivas que alteraron el patrón histórico.

Código QR (cédulas 2023+): visible en el reverso, debe ser escaneable y dirigir a información de verificación oficial.

Firma del titular: debe ser coherente con la estatura y la postura del sujeto fotografiado.

Nivel 2: Verificación con Instrumentos Sencillos

Requiere luz ultravioleta (UV) o lupas de aumento accesibles:

Respuesta UV: Los documentos auténticos muestran una respuesta uniforme a la luz ultravioleta, con colores e intensidades consistentes en toda la superficie. Las variaciones en esta respuesta indican el uso de tintas diferentes o procesos de impresión no autorizados.

Microtexto: Textos de tamaño microscópico que forman líneas o bordes en el diseño. En documentos auténticos post-2010, el microtexto es perfectamente legible con lupa; en falsificaciones convencionales aparece borroso o sustituido por líneas sólidas.

Marcas de agua: Visibles al trasluz, integradas en el sustrato del documento durante su fabricación. Extremadamente difíciles de reproducir con equipos no industriales.

Nivel 3: Verificación Especializada (requiere laboratorio)

Estos elementos solo pueden analizarse con equipamiento forense especializado:

Tintas Ópticamente Variables (OVI): Tintas que cambian de color según el ángulo de luz (por ejemplo, de verde a púrpura). Una fotocopiadora a color no puede replicar este efecto.

Micropartículas holográficas (OVDot®): Partículas microscópicas dispersas en el sustrato que contienen nanotexto legible solo mediante microscopía electrónica.

Tintas Anti-Stokes: Pigmentos que emiten luz visible bajo radiación infrarroja de alta intensidad. Extremadamente costosos de replicar.

Análisis del chip (cédulas electrónicas): Verificación criptográfica del certificado digital almacenado en el chip mediante infraestructura de clave pública (PKI).

NOTA PARA EL ABOGADO: HSI (Homeland Security Investigations) mantiene el Forensic Document Laboratory (FDL), con capacidad para análisis de nivel 3. El EOIR también puede someter evidencia al Overseas Document Verification (ODV) para verificación en el país de origen. Estas herramientas están disponibles para el juez de inmigración.

2.2.3. Indicadores de Fraude en la Cédula Venezolana

Los siguientes son los indicadores de fraude más frecuentes identificados en cédulas venezolanas sometidas a análisis forense:

1. **Discordancia fotográfica:** La fotografía presenta bordes perceptibles, diferencias de textura o brillo con el resto del documento, o muestra signos de haber sido adherida sobre otra fotografía (raspado, residuos de adhesivo). El método más antiguo de falsificación (y el más detectado) consiste en reemplazar la fotografía original por una nueva sin alterar el resto del documento.

2. **Inconsistencia en la numeración:** El número de cédula asignado no corresponde al rango cronológico esperado para la fecha de nacimiento declarada, o corresponde a un rango geográfico incompatible con el estado de origen. Un venezolano nacido en 1995 con un número V- inferior a 5.000.000 es un indicador de alerta que requiere investigación.

3. Alteraciones en datos biográficos: Diferencias en la tipografía de ciertos caracteres (indicativas de sobreimpresión), zonas con diferente reflectancia bajo luz rasante (indicativas de raspado), o inconsistencias en el espaciado entre caracteres que sugieren manipulación post-emisión.

4. Deficiencias en elementos de nivel 2: Microtexto borroso, respuesta UV no uniforme, o ausencia de marcas de agua que deberían estar presentes en documentos de la generación correspondiente.

5. Inconsistencias contextuales: El número de cédula no aparece en el portal del CNE o en bases de datos de verificación disponibles, o aparece asociado a datos biográficos diferentes a los del documento presentado.

6. Clonación de identidades reales: El número de cédula corresponde a una persona real con datos biográficos diferentes. Este tipo de fraude es particularmente difícil de detectar visualmente, pero puede identificarse mediante verificación cruzada con el portal del CNE (cne.gob.ve) o mediante consulta de datos electorales.

2.2.4. El Número de Cédula como Herramienta de Verificación

El número de cédula venezolana es, en sí mismo, una herramienta de verificación. El sistema funciona de la siguiente manera:

El prefijo V- identifica al venezolano por nacimiento o naturalización.

El prefijo E- identifica al extranjero residente.

La numeración es secuencial y cronológica: números más bajos corresponden en general a asignaciones más antiguas.

El CNE mantiene un portal público (cne.gob.ve) donde es posible consultar el número de cédula y obtener los datos electorales asociados: nombre completo, estado y municipio de residencia. Esta consulta permite verificar si el número existe en el sistema nacional y si los datos coinciden con el documento presentado.

El portal SAIME (saime.gob.ve) también ofrece servicios de certificación, aunque con disponibilidad variable debido a la crisis de infraestructura digital venezolana.

ALERTA PRÁCTICA: La consulta al CNE y al SAIME debe documentarse con captura de pantalla con fecha y hora visible, y debe incluirse en el expediente como evidencia de verificación. Si los portales no responden, ese hecho también debe documentarse, ya que puede ser relevante para establecer las dificultades de verificación relacionadas con la crisis institucional venezolana.

2.2.5. La Cédula Venezolana ante la Corte de Inmigración

La cédula de identidad venezolana es el documento base de identificación en todo caso migratorio venezolano. Su función procesal varía según el tipo de procedimiento:

En el proceso de asilo (I-589): La cédula es uno de los documentos de identidad que el solicitante debe presentar para establecer su nacionalidad venezolana, un requisito previo para la consideración de la solicitud.

En el proceso ante el EOIR: La identidad del solicitante debe estar establecida con certeza suficiente. La cédula, junto con el pasaporte, son los documentos primarios para este propósito.

En TPS (Estatus de Protección Temporal) para venezolanos: USCIS requiere documentos que establezcan la nacionalidad venezolana, y la cédula es uno de los documentos aceptados.

En casos de cancelación de remoción: La cédula puede ser relevante para establecer la historia de presencia continua en Estados Unidos.

El estándar de autenticación aplicable a los documentos extranjeros en procedimientos de inmigración está establecido en las Federal Rules of Evidence (especialmente FRE 901 y 902) y en la regulación del EOIR. El Capítulo 7 de este libro desarrolla en detalle los mecanismos de presentación y autenticación ante la corte.

2.3. El Pasaporte Venezolano

2.3.1. Historia y Formatos del Pasaporte Venezolano

El pasaporte venezolano tiene una historia rica de transformaciones que el profesional legal debe conocer para contextualizar correctamente el documento que tiene en sus manos.

Período pre-2007: Los pasaportes venezolanos anteriores a 2007 no eran biométricos. Carecían de chip electrónico y de zona de lectura automatizada (MRZ) estandarizada. Su verificación era puramente visual. Los pasaportes de este período con cubierta marrón (borgoña) corresponden a la era anterior al ingreso de Venezuela al Mercosur.

2007–2014: Pasaporte biométrico inicial: En julio de 2007, Venezuela comenzó la emisión de pasaportes biométricos a través del SAIME. Estos documentos incorporaron por primera vez un chip RFID que almacena la fotografía digitalizada y dos huellas dactilares del titular, siguiendo los estándares ICAO Doc 9303. La cubierta mantuvo el color marrón (borgoña) de la era anterior al Mercosur.

2015–Presente: Pasaporte MERCOSUR: Con el ingreso formal de Venezuela al MERCOSUR en 2015, el pasaporte adoptó la cubierta azul oscuro con la inscripción "MERCOSUR" en la parte superior y el símbolo biométrico en la parte inferior. (Nota: Venezuela fue suspendida del MERCOSUR en septiembre de 2019, pero el diseño del pasaporte no cambió.)

2025+: Nueva vigencia de 10 años: A partir de 2025, el SAIME anunció la eliminación de la prórroga (calcomanía adhesiva que extendía la vigencia por cinco años adicionales) y el aumento de la vigencia del nuevo pasaporte a 10 años. Los pasaportes con prórroga emitida antes de esta fecha mantienen su validez hasta el vencimiento de la extensión.

2.3.2. Estructura y Elementos de Autenticidad del Pasaporte Biométrico Venezolano

El pasaporte biométrico venezolano vigente tiene las siguientes características que el profesional legal debe conocer:

Portada

Cubierta azul oscuro.

Letras doradas con "PASAPORTE" y "PASSPORT".

Escudo nacional venezolano en dorado.

Inscripción "MERCOSUR" en la parte superior.

"REPÚBLICA BOLIVARIANA DE VENEZUELA" bajo el escudo.

Símbolo biométrico internacional en la parte inferior.

Página de Datos Biográficos

"REPÚBLICA BOLIVARIANA DE VENEZUELA" en la parte superior.

Tipo de documento: "P" bajo "Tipo".

Número de pasaporte (formato alfanumérico).

Nombre completo del titular.

Nacionalidad (VENEZOLANA/O).

Fecha de nacimiento.

Sexo.

Lugar de nacimiento.

Fecha de expedición y fecha de vencimiento.

Firma del Director del SAIME.

Firma del titular.

Fotografía del titular (grabada por láser en documentos de alta seguridad).

Zona de Lectura Automatizada (MRZ): dos líneas de caracteres alfanuméricos en la parte inferior de la página de datos.

La Zona de Lectura Automatizada (MRZ)

La MRZ (Machine Readable Zone) es uno de los elementos más importantes para la verificación del pasaporte. Se trata de dos líneas de 44 caracteres cada una, codificadas según los estándares ICAO, que contienen la información biográfica del titular en formato legible por máquina. La MRZ incluye dígitos de verificación (check digits) que permiten detectar alteraciones: si cualquier dato de la MRZ es modificado sin recalcular correctamente los dígitos de verificación, el sistema detectará la inconsistencia automáticamente.

En términos prácticos, esto significa que una falsificación que altera datos en la MRZ pero no actualiza correctamente los dígitos de verificación es detectable mediante análisis automatizado básico. Sin embargo, falsificadores sofisticados conocen esta vulnerabilidad y actualizan los dígitos de verificación, lo que desplaza la verificación al nivel del chip biométrico y al análisis físico del documento.

El Chip RFID Biométrico

El pasaporte biométrico venezolano incorpora un chip de interfaz dual (RFID) que almacena la fotografía digitalizada y dos huellas dactilares del titular. El chip utiliza un sistema de clave pública (PKI) que certifica que los datos almacenados en él no han sido modificados por una entidad no autorizada. La autoridad certificante (SAIME) firma digitalmente los datos; cualquier modificación posterior del chip rompería la cadena de verificación.

Sin embargo, como aclaró el propio director del SAIME en declaraciones a medios venezolanos, la "infalsificabilidad" del chip tiene una condición importante: solo aplica si el chip no ha sido clonado con los datos correctos usando equipos no autorizados. El eslabón débil no es la tecnología del chip, sino la integridad del proceso de inscripción en el SAIME, como demostró el escándalo de los pasaportes vendidos en Bagdad.

2.3.3. La Crisis del Pasaporte Venezolano: Implicaciones para los Casos Migratorios

La crisis operativa del SAIME ha tenido un impacto directo y mensurable en la disponibilidad del pasaporte venezolano. Las cifras son ilustrativas: en 2017, el SAIME emitió apenas 300.000

pasaportes de las 1.8 a 3 millones de solicitudes anuales.[7] A esto se suma que el precio del pasaporte (fijado en dólares estadounidenses) convirtió al documento en un artículo de lujo inalcanzable para la mayoría de los venezolanos.

Para el profesional legal, esto significa que muchos solicitantes venezolanos llegan a las cortes de inmigración sin pasaporte válido, con pasaportes vencidos que no pudieron renovar, o con pasaportes obtenidos a través de intermediarios cuestionables. Ninguna de estas situaciones es, por sí sola, evidencia de fraude. Son evidencia de la crisis del sistema documental venezolano.

Freedom House ha documentado casos adicionales de un mecanismo de represión particularmente sofisticado: la cancelación de pasaportes como herramienta política. Activistas, periodistas, exfuncionarios y opositores han visto sus pasaportes cancelados por el gobierno venezolano, lo que los convierte en apátridas de facto incapaces de obtener documentación regular.[8] Para estos casos, la

---

[7] "Venezuelans passports in short supply as millions try to flee troubled nation," Fox News, 9 de marzo de 2017 (reportando que el SAIME emitió aproximadamente 300.000 pasaportes de entre 1.8 y 3 millones de solicitudes recibidas).

[8] Freedom House, "Venezuela: Freedom in the World 2026," freedomhouse.org (documentando que, tras las elecciones de 2024, el gobierno venezolano comenzó a cancelar sin previo aviso los pasaportes de periodistas, activistas de derechos humanos y líderes políticos).

ausencia de pasaporte válido no solo no es evidencia de fraude, es evidencia de persecución.

2.3.4. Indicadores de Fraude en el Pasaporte Venezolano

Los indicadores de fraude en pasaportes venezolanos siguen un patrón similar al de las cédulas, pero con algunas particularidades:

1. Inconsistencia entre páginas: La información biográfica de la página de datos debe ser idéntica a la información codificada en la MRZ. Cualquier discrepancia (incluso en un carácter) es un indicador de alteración.

2. Alteraciones en la fotografía: La fotografía en pasaportes biométricos modernos está grabada por láser en la página de datos, lo que hace extremadamente difícil su sustitución sin dejar evidencia. En pasaportes más antiguos (pre-2015), la fotografía era adherida y es más susceptible de sustitución.

3. Deficiencias en los sellos de entrada/salida: Los sellos migratorios de diferentes países tienen características propias (color, tipografía, diseño) que son conocidas por los especialistas en documentos de viaje. Sellos inconsistentes con el formato oficial del país emisor son un indicador de alerta.

4. Prórroga irregular: Las prórrogas (calcomanías adhesivas para extensión de vigencia) deben tener características de seguridad específicas. Una prórroga que no corresponde al formato oficial del SAIME del período correspondiente es sospechosa.

5. Número de pasaporte inexistente en sistema: La verificación del número de pasaporte mediante el portal del SAIME o a través de canales consulares puede confirmar si el número existe en el sistema nacional.

6. Discordancia entre pasaporte y cédula: Los datos biográficos del pasaporte deben coincidir exactamente con los de la cédula de identidad del titular. Discrepancias en nombre, fecha de nacimiento o número de identidad son indicadores de alerta que requieren investigación.

2.3.5. El Pasaporte Venezolano ante la Corte de Inmigración

El pasaporte es el documento de identidad internacional por excelencia. Su función procesal en casos migratorios venezolanos incluye:

Establecimiento de identidad y nacionalidad: El pasaporte es el documento primario para acreditar que el solicitante es venezolano.

Historia de viaje: Los sellos de entrada y salida contenidos en el pasaporte pueden corroborar la narrativa del solicitante sobre su trayectoria hasta los Estados Unidos.

Establecimiento de la línea de tiempo: Las fechas de emisión, renovación y vencimiento permiten reconstruir la cronología de la situación migratoria del solicitante.

Evidencia de persecución: Un pasaporte cancelado por el gobierno venezolano, o la imposibilidad documentada de obtener uno, puede ser evidencia directa de persecución.

PUNTO CRÍTICO PARA EL ABOGADO: Un solicitante venezolano que se presenta sin pasaporte válido no debe ser tratado automáticamente como un caso de fraude. El abogado debe investigar si la ausencia de pasaporte se debe a: (a) la crisis operativa del SAIME, (b) la inaccesibilidad económica del trámite, (c) la cancelación política del documento, o (d) confiscación del pasaporte por autoridades venezolanas. Cada una de estas situaciones tiene diferentes implicaciones legales y puede ser corroborada con evidencia documental adicional.

2.4. Verificación Práctica: Herramientas y Metodología

2.4.1. Verificación Cruzada de Identidad: El Portal del CNE

La herramienta de verificación más accesible para el profesional legal es el portal del Consejo Nacional Electoral (CNE) en cne.gob.ve. Este portal permite consultar el número de cédula de identidad y obtener los datos electorales asociados: nombre completo, estado y municipio de residencia. Su utilidad es doble: confirma que el número de cédula existe en el sistema nacional y permite verificar si los datos del documento presentado coinciden con los datos registrados.

La verificación CNE, sin embargo, tiene limitaciones importantes. El portal refleja los datos del padrón electoral, que puede diferir de los datos del SAIME en caso de registros duplicados, nombres con acentuación variable, o actualizaciones pendientes. Además, el portal tiene disponibilidad intermitente debido a la crisis de infraestructura digital venezolana.

2.4.2. Metodología de Análisis Documental en Tres Pasos

Paso 1, Análisis visual sin instrumentos: Verificar la integridad de la fotografía, la uniformidad tipográfica de los datos biográficos, la coherencia del número de cédula con la generación del documento, y la presencia de los elementos de diseño esperados para el período de emisión.

Paso 2, Verificación cruzada de datos: Consultar el portal del CNE con el número de cédula. Documentar el resultado con captura de pantalla. Si el pasaporte está disponible, verificar la consistencia entre ambos documentos. Si hay discrepancias, investigar su origen.

Paso 3, Análisis especializado (cuando sea necesario): Para casos donde la autenticidad siga siendo incierta tras los pasos anteriores, solicitar análisis forense especializado. El laboratorio forense de HSI (FDL) y el servicio ODV del EOIR son los recursos disponibles en el contexto migratorio estadounidense.

2.4.3. El Rol del Experto en Documentos Venezolanos

El análisis de documentos venezolanos ante la corte de inmigración puede beneficiarse significativamente de la participación de un experto calificado. La jurisprudencia federal ha establecido estándares claros sobre la admisibilidad del testimonio pericial (estándar Daubert), que serán desarrollados en el Capítulo 8 de este libro.

Para los documentos de identidad venezolanos específicamente, un experto puede aportar: (a) contexto sobre las características técnicas esperadas del documento según su período de emisión, (b) análisis forense de los elementos de seguridad, (c) interpretación de discrepancias a la luz del conocimiento del sistema venezolano, y (d) evaluación de los indicadores de fraude identificados.

Un experto que combine conocimiento forense con conocimiento institucional del sistema venezolano, como un ex funcionario del sistema de justicia venezolano con formación en documentoscopia, tiene una capacidad de análisis que ninguna herramienta técnica por sí sola puede replicar.

2.5. Consecuencias del Fraude Documental en el Proceso Migratorio

El fraude documental en un caso de inmigración no es solo un problema de credibilidad. Tiene consecuencias legales concretas y graves:

Negación del asilo: La presentación de documentos fraudulentos puede llevar a la negación de la solicitud de asilo y a la orden de remoción.

Inadmisibilidad permanente: Bajo INA § 212(a)(6)(C), una persona que ha obtenido o intentado obtener beneficios de inmigración mediante fraude o tergiversación puede ser declarada permanentemente inadmisible.

Cargos criminales federales: La presentación de documentos falsos ante un tribunal federal puede dar lugar a cargos bajo 18 U.S.C. § 1001 (declaraciones falsas) o 18 U.S.C. § 1546 (fraude en documentos de visas). Estos delitos pueden resultar en penas de prisión.

Inhabilitación futura: Una persona encontrada culpable de fraude en su solicitud de asilo queda automáticamente inhabilitada para presentar una nueva solicitud.

La contracara de estas consecuencias es igualmente importante: un solicitante cuyo documento es auténtico pero que es incorrectamente descartado por falta de análisis especializado sufre una injusticia equivalente. La herramienta que protege contra el fraude y la que protege contra el error injusto es la misma: el análisis especializado, riguroso y contextualizado.

> *CONCLUSIÓN DEL CAPÍTULO: La cédula de identidad y el pasaporte venezolano son documentos técnicamente complejos, afectados por décadas de evolución institucional y por una crisis sistémica sin precedentes. Su evaluación correcta requiere conocimiento del sistema venezolano, metodología forense estructurada y comprensión del contexto legal migratorio. Los capítulos siguientes construirán sobre esta base para analizar los demás documentos que componen el expediente de un caso venezolano.*

Capítulo 3: Documentos de Estado Civil

Partida de Nacimiento, Acta de Matrimonio y el Ecosistema del Fraude en el Registro Civil

3.1. La Partida de Nacimiento: Primer Eslabón de la Cadena de Identidad

En todo sistema legal del mundo, el acta o partida de nacimiento es el documento fundacional de la identidad de una persona. Es el primer registro que el Estado hace de la existencia de un individuo, y sobre ese registro se construyen todos los demás: la cédula de identidad, el pasaporte, el acta de matrimonio, el expediente escolar, el historial médico. Cuando ese primer eslabón está comprometido (por fraude, por error o por colapso institucional) toda la cadena de identidad posterior queda en entredicho.

En el contexto migratorio venezolano, la partida de nacimiento ocupa un lugar central. Es el documento que establece la nacionalidad venezolana de origen, que vincula al solicitante con sus progenitores, que determina su edad y que, en última instancia, le da el derecho a solicitar todos los demás documentos venezolanos. Una partida de nacimiento falsa no solo es un documento fraudulento: es la llave maestra que puede desbloquear una identidad completamente fabricada.

Para el abogado de inmigración, la partida de nacimiento venezolana presenta desafíos únicos que ningún otro documento latinoamericano replica con la misma intensidad: es un documento sin elementos de seguridad físicos propios, emitido por miles de oficinas distintas a lo largo de décadas, con formatos que varían por región, por período y por el estado de conservación de los archivos de la oficina emisora. Evaluar su autenticidad requiere un conocimiento del sistema que va mucho más allá de verificar si el papel "se ve bien".

3.2. El Registro Civil Venezolano: Estructura Institucional

3.2.1. Historia y Marco Legal

El Registro Civil venezolano tiene sus raíces en el siglo XIX. Durante la colonia y el período de la Gran Colombia, los registros de nacimiento, matrimonio y defunción eran administrados exclusivamente por la Iglesia Católica a través de los libros bautismales parroquiales. La primera ley secular de registro civil en Venezuela data de 1873, bajo el gobierno de Antonio Guzmán Blanco, quien transfirió estas funciones del ámbito eclesiástico al Estado.[9] Desde entonces, los registros civiles han sido responsabilidad de las jefaturas civiles parroquiales y municipales.

El marco legal moderno del Registro Civil venezolano está contenido principalmente en el Código Civil de Venezuela (última revisión: 26 de julio de 1982), que establece la obligatoriedad del registro de nacimientos, defunciones y matrimonios, y en la Ley Orgánica de Registro Civil, promulgada más recientemente y adscrita al Consejo Nacional Electoral (CNE). Esta adscripción al CNE (una peculiaridad venezolana que no tiene paralelo en la región) ha sido fuente de controversia política, especialmente en períodos electorales.

3.2.2. Estructura Operativa: Un Sistema de 2.267 Oficinas

Venezuela cuenta con aproximadamente 2.267 oficinas primarias de Registro Civil distribuidas en todo el territorio nacional, más 23 Registros Principales (uno por entidad federal). Este sistema descentralizado tiene una característica estructural crítica para el análisis forense documental: cada acta de nacimiento, matrimonio o defunción se asienta simultáneamente en dos libros. Uno permanece

---

[9] El Código Civil de 1873, promulgado por el presidente Antonio Guzmán Blanco el 20 de febrero de ese año, secularizó el matrimonio y el Registro del Estado Civil venezolano, transfiriendo estas funciones del ámbito eclesiástico al Estado.

en la oficina donde se registró el hecho; el otro va al Registro Principal de la entidad federal correspondiente, que cumple funciones de archivo y emisión de copias certificadas.

Esta duplicidad de libros fue diseñada como mecanismo de control: en teoría, cualquier discrepancia entre el libro local y el libro del Registro Principal revela una alteración. En la práctica, sin embargo, el colapso del sistema venezolano ha generado situaciones donde oficinas locales tienen sus archivos destruidos (por inundaciones, incendios o abandono), donde los libros del Registro Principal tienen años de atraso en su actualización, y donde la digitalización prometida por el CNE avanzó de forma irregular y parcialmente.

> *DATO TÉCNICO PARA EL ABOGADO: El Registro Civil venezolano digitalizó las actas del período 1960–2006 y las verificó. Las actas de períodos anteriores o posteriores a esa ventana tienen menor cobertura digital. Esto tiene implicaciones directas para la verificabilidad de documentos presentados ante la corte.*

3.2.3. La Partida de Nacimiento Venezolana: Lo Que el Documento Sí Es

Una partida de nacimiento venezolana es, en esencia, una copia certificada de una anotación hecha en un libro de registro. No es un documento de seguridad en el sentido moderno del término: no tiene marca de agua propia, no tiene código QR, no tiene chip, no tiene holograma. Su "seguridad" depende enteramente de la firma del registrador civil, del sello húmedo oficial de la oficina, y del sello del Registro Principal que certifica que la copia es fiel al original.

El documento incluye los siguientes elementos estándar:

Encabezado: Nombre de la República Bolivariana de Venezuela, entidad federal, municipio y parroquia donde se emitió.

Datos del nacimiento: Fecha, hora y lugar de nacimiento del inscrito.

Datos del inscrito: Nombre completo, sexo.

Datos de los progenitores: Nombre completo del padre y la madre, cédulas de identidad, estado civil, profesión y domicilio.

Datos de los declarantes y testigos: ¿Quiénes presentaron al menor ante el registro.

Número de acta, tomo, folio y año del registro.

Firma del Registrador Civil y sello húmedo de la oficina.

Nota de certificación: Frase "es copia fiel del original" o similar, firmada por el funcionario que emitió la copia.

Sello del Registro Principal (en copias certificadas para uso externo).

La ausencia de cualquiera de estos elementos en un documento que se presenta como partida de nacimiento venezolana es, de por sí, un indicador de alerta. Pero la presencia de todos ellos tampoco garantiza autenticidad: los elementos pueden ser fabricados con una impresora convencional y un sello clonado.

3.3. El Ecosistema del Fraude en las Partidas de Nacimiento

3.3.1. Por Qué la Partida de Nacimiento Es el Documento Más Falsificado

La partida de nacimiento venezolana reúne las condiciones perfectas para ser el objetivo predilecto del fraude documental: es el documento de mayor valor probatorio en el sistema migratorio, carece de elementos de seguridad tecnológicos propios, y su verificación oficial requiere contacto con instituciones venezolanas que frecuentemente no responden. El mercado del fraude lo sabe.

En el ecosistema del fraude documental venezolano que opera en redes sociales, la partida de nacimiento es el "producto estrella". Las redes clandestinas detectadas por medios como Efecto Cocuyo ofrecen partidas de nacimiento "apostilladas" a precios que van desde $200 hasta $1,500 dólares, dependiendo de la urgencia y la "calidad" del documento. Estas redes operan públicamente en grupos de Facebook y canales de WhatsApp, usando eufemismos como "gestión de documentos" o "trámites exprés".

Lo que hace especialmente peligroso a este mercado para el sistema migratorio estadounidense es su sofisticación. Las redes más avanzadas no fabrican documentos desde cero: corrompen a funcionarios reales del Registro Civil para inscribir datos falsos en los libros oficiales. El resultado es una partida de nacimiento que no solo "se ve" auténtica, es auténtica en todos sus elementos físicos, porque fue producida por la institución oficial, con los sellos correctos, en el papel correcto, firmada por el funcionario competente, pero con datos de identidad completamente falsos.

> *ALERTA CRÍTICA: Una partida de nacimiento venezolana puede ser físicamente auténtica y contener información completamente fabricada. Esta distinción (entre autenticidad documental y veracidad del contenido) es el punto donde la verificación visual falla y donde el análisis especializado se vuelve indispensable.*

3.3.2. Modalidades de Fraude en el Registro Civil

Modalidad 1, Falsificación completa: Fabricación total del documento mediante impresión en papel común o en papel imitación oficio, con sellos clonados o fabricados, y firma imitada. Es el método más fácil de detectar para un profesional entrenado: las inconsistencias en la tipografía, el papel, los sellos y la numeración suelen ser evidentes bajo análisis forense. Sin embargo, para un receptor no especializado, incluyendo oficiales de inmigración sin entrenamiento específico en documentos venezolanos, puede resultar convincente.

Modalidad 2, Alteración de documento auténtico: Modificación de un documento real mediante raspado, sobreimpresión o sustitución de datos específicos (nombre, fecha de nacimiento, nombres de los padres). Esta modalidad es detectada principalmente mediante análisis de la consistencia tipográfica y el análisis de la superficie del papel bajo luz rasante o ultravioleta.

Modalidad 3, Inscripción fraudulenta en libros oficiales: La más sofisticada y la más difícil de detectar. Un funcionario corrupto del Registro Civil inscribe datos falsos en el libro oficial, produce una copia certificada con todos los elementos de autenticidad, y el documento pasa cualquier verificación física. La detección requiere comparación con el libro duplicado en el Registro Principal, lo cual en muchos casos no es posible por la distancia o la falta de cooperación institucional venezolana.

Modalidad 4, Inscripción tardía fraudulenta: Venezuela permite la inscripción tardía de nacimientos que no fueron registrados a tiempo. Este mecanismo, legítimo en su origen, ha sido explotado sistemáticamente para crear identidades fabricadas. Una persona puede presentarse ante el Registro Civil con testigos y declarar que nació en una fecha y lugar determinados, sin que exista verificación independiente de esa declaración. El resultado es un acta de nacimiento "original", inscrita tardíamente, que documenta una identidad que puede ser completamente ficticia.

Modalidad 5, Uso de identidades de fallecidos: La inscripción del fallecimiento de una persona en Venezuela ha sido históricamente deficiente. El colapso del sistema de registro de defunciones durante la crisis humanitaria agravó este problema. La consecuencia práctica es que existen venezolanos fallecidos cuya identidad nunca fue formalmente registrada como extinta, y cuya partida de nacimiento puede ser obtenida y utilizada para crear una identidad fraudulenta.

3.3.3. El Caso de Estados Unidos: Cómo Se Detectó el Fraude

El sistema migratorio estadounidense ha desarrollado mecanismos específicos para detectar el fraude en documentos de estado civil extranjeros. Las tres principales agencias involucradas son:

> USCIS, Fraud Detection and National Security Directorate (FDNS): La FDNS tiene oficiales embebidos en todas las oficinas de asilo y centros de servicio de USCIS. Su función es detectar, disuadir e investigar administrativamente el fraude en beneficios migratorios. Anualmente, la FDNS completa miles de investigaciones administrativas sobre fraude. Revisa evidencia, conduce visitas de verificación (site visits), produce reportes y puede referir casos para investigación criminal.
>
> HSI, Forensic Document Laboratory (FDL): El Laboratorio Forense del HSI (Homeland Security Investigations) es el único laboratorio forense federal dedicado exclusivamente al examen forense de documentos de viaje e identidad. Sus examinadores analizan pasaportes, visas, cédulas de identidad, actas de nacimiento y documentos relacionados para determinar si un documento es auténtico o ha sido alterado. El FDL tiene capacidad para análisis de nivel 3 y es la referencia federal en materia de documentoscopia.

EOIR, Fraud and Abuse Prevention Program: El programa de fraude del EOIR investiga reclamos de fraude en todo el sistema de cortes de inmigración y opera una oficina centralizada para recibir quejas. Los jueces de inmigración pueden someter documentos al Overseas Document Verification (ODV), un servicio mediante el cual documentos son enviados a funcionarios del gobierno estadounidense en el país de origen para verificar su autenticidad.

Un caso paradigmático que ilustra la sofisticación del sistema de detección estadounidense fue documentado por USCIS en 2025: un ciudadano venezolano, Anthony Emmanuel Labrador-Sierra, presentó ante USCIS una fecha de nacimiento falsa en sus solicitudes de TPS (Temporary Protected Status) y Autorización de Empleo.[10] El fraude fue detectado cuando una escuela secundaria en Perrysburg, Ohio, reportó a la policía local que el "estudiante" que había inscrito no era un menor de edad sino un hombre de 24 años. La investigación reveló que había sometido declaraciones falsas en formularios federales, un delito federal bajo 18 U.S.C. § 1001. Fue indiciado en un gran jurado federal y se declaró culpable de todos los cargos.

---

[10] U.S. Citizenship and Immigration Services, "Venezuelan National Pleads Guilty to Lying on Immigration and Firearms Forms," uscis.gov, 9 de octubre de 2025 (relatando el caso de Anthony Emmanuel Labrador-Sierra, declarado culpable de presentar una fecha de nacimiento falsa en solicitudes de TPS y autorización de empleo).

Este caso ilustra un patrón que el sistema migratorio estadounidense identifica con creciente frecuencia: el fraude en documentos venezolanos no es un fenómeno aislado ni artesanal. Es parte de un ecosistema organizado donde la falsificación de la partida de nacimiento es el primer paso en una cadena que puede incluir la obtención fraudulenta de cédula de identidad, la solicitud de TPS o asilo con datos falsos, y eventualmente la búsqueda de ciudadanía o naturalización basada en una identidad construida sobre documentos fraudulentos.

3.3.4. El Preparador de Documentos y la Responsabilidad en el Expediente Migratorio

El preparador de documentos de inmigración ocupa un lugar reconocido y necesario dentro del ecosistema de servicios legales en los Estados Unidos. Miles de solicitantes venezolanos acceden al sistema migratorio con la asistencia de preparadores que conocen los formularios, los plazos y los procedimientos, y que en muchos casos son el único puente entre una comunidad vulnerable y un sistema complejo. Este libro no cuestiona esa función. La reconoce.

La figura del preparador tiene, sin embargo, una dimensión legal y ética que varía significativamente entre estados. Algunos estados, como California, tienen esquemas regulatorios específicos que establecen requisitos de registro, bonos y divulgaciones para los preparadores de documentos de inmigración. Otros estados no tienen regulación equivalente. En todos los casos, sin embargo, la persona que actúa como preparador asume una responsabilidad que no desaparece por la ausencia de regulación: la responsabilidad moral y profesional de actuar dentro de los límites de su competencia y de las normas aplicables.

Esa responsabilidad tiene una dimensión especialmente importante en los casos venezolanos. El preparador que gestiona documentos venezolanos, ya sea encargando su obtención a través de redes en Venezuela o recibiéndolos del propio solicitante, introduce en el expediente piezas cuya autenticidad tiene consecuencias directas para el caso y para el cliente. Si el preparador está facultado para prestar esos servicios bajo las normas de su estado, debe hacerlo con el mismo estándar de cuidado que se esperaría de cualquier profesional: verificando, dentro de sus posibilidades, la coherencia interna de los documentos, y reconociendo con honestidad los límites de lo que puede y no puede evaluar.

El estándar moral es claro independientemente del marco regulatorio: quien asiste a otra persona en un proceso que afecta su vida, su libertad y su permanencia en el país tiene la obligación de actuar con la mayor diligencia posible. En el contexto venezolano, esa diligencia implica reconocer que la evaluación técnica de la autenticidad documental es una tarea que requiere conocimiento especializado que va más allá de la preparación de formularios. El preparador que reconoce ese límite y orienta al cliente hacia los recursos adecuados está actuando éticamente. El que no lo hace asume una responsabilidad que, en caso de que el documento resulte ser fraudulento, puede tener consecuencias graves tanto para el cliente como para él mismo.

Bajo el 8 C.F.R. § 1.1(m), la representación ante USCIS o el EOIR incluye no solo la comparecencia en audiencias, sino también la preparación de escritos, formularios, solicitudes o peticiones en nombre de otra persona. La persona que ejerce esas funciones sin estar legalmente autorizada para ello asume riesgos proporcionales a la gravedad del caso. En el ámbito de los casos venezolanos, donde la autenticidad documental puede determinar la diferencia entre protección y deportación, ese riesgo es máximo.

El abogado que recibe un expediente previamente trabajado por un preparador tiene la obligación de evaluarlo desde cero con el rigor que el caso requiere. No como un juicio al preparador, sino como el ejercicio de la competencia profesional que el cliente merece desde el momento en que el abogado asume su representación.

3.4. Indicadores de Fraude en Partidas de Nacimiento Venezolanas

La evaluación de una partida de nacimiento venezolana debe seguir un protocolo estructurado. Los siguientes son los indicadores de alerta más frecuentes:

1. **Inconsistencia en la numeración del acta:** Cada acta tiene un número secuencial dentro del tomo y el año correspondiente. Un número que no corresponde al período declarado, o que presenta discontinuidades respecto a otras actas del mismo período y oficina, es un indicador de alerta.

2. **Inconsistencia tipográfica:** En actas auténticas del mismo período y oficina, la tipografía, el espaciado y el estilo de escritura son consistentes. Variaciones en el tamaño de fuente, el espaciado entre caracteres o la alineación dentro del mismo documento sugieren sobreimpresión o alteración.

3. **Sello húmedo irregular:** El sello húmedo oficial debe ser nítido, con tinta uniforme, y reproducir exactamente el diseño oficial de la oficina registral correspondiente. Sellos borrosos, con tinta de diferente tonalidad a la esperada, o con diseños que no corresponden al período declarado son indicadores de falsificación.

4. **Firma inconsistente del registrador:** La firma del registrador civil debe ser consistente con otras firmas del mismo funcionario en el mismo período. Si el nombre del registrador puede verificarse y la firma no corresponde a su rúbrica conocida, es una señal de alerta.

5. **Inscripción tardía sin corroboración:** Las inscripciones tardías son legítimas, pero de alto riesgo. Una inscripción tardía sin

justificación documentada del retraso, sin evidencia de la existencia previa de la persona (registros médicos, escolares, religiosos), o con declarantes que no pueden ser localizados, merece escrutinio intensificado.

6. Discordancia con otros documentos del expediente: Los datos de la partida de nacimiento deben ser internamente consistentes y deben concordar con todos los demás documentos del expediente: cédula de identidad (mismo nombre, misma fecha de nacimiento), pasaporte, acta de matrimonio (si aplica), registros escolares, historial médico. Cualquier discrepancia (incluso en la ortografía del nombre) debe ser investigada y explicada.

7. Ausencia de la nota "es copia fiel del original": Toda copia certificada de una partida de nacimiento venezolana debe contener la certificación de que es copia fiel del original. La ausencia de esta nota, o su presencia en un formato que no corresponde al estándar oficial, es un indicador de alerta.

8. Apostilla de dudosa procedencia: La Apostilla de La Haya, cuando está presente, debe haber sido emitida por la autoridad competente venezolana (el Ministerio de Relaciones Exteriores o el Tribunal Supremo de Justicia, según el caso). Una apostilla sin número de registro verificable, o emitida por una autoridad diferente a la competente, es sospechosa.

3.5. El Acta de Matrimonio Venezolana

3.5.1. Estructura y Elementos del Acta de Matrimonio

El acta de matrimonio venezolana es un documento producido por el Registro Civil o por el funcionario ante quien se celebra el matrimonio. La Ley venezolana permite que los matrimonios sean celebrados ante:

El Registrador Civil del municipio o parroquia donde residen los contrayentes.

Los presidentes de los Concejos Municipales.

Los Jueces de Municipio o Parroquia.

Independientemente del funcionario que lo autorice, el acta de matrimonio debe contener: fecha y lugar de la celebración; nombre completo, edad, profesión, domicilio y estado civil previo de cada contrayente; nombres de los padres de los contrayentes; nombre y datos de los dos testigos; nombre del funcionario autorizante; y las firmas de todos los presentes. Posteriormente, el acta debe ser insertada en los libros del Registro Civil correspondiente.

En el contexto migratorio estadounidense, el acta de matrimonio venezolana es relevante en múltiples escenarios:

En solicitudes de visa de cónyuge o peticiones I-130: Debe probar la validez del vínculo matrimonial.

En casos de asilo por persecución familiar: Cuando el cónyuge del solicitante fue perseguido y eso fundamenta parte del miedo del solicitante.

En solicitudes de TPS o ajuste de estatus: Para establecer relaciones familiares relevantes.

En casos de cancelación de remoción: Para demostrar relaciones familiares con ciudadanos o residentes permanentes estadounidenses.

3.5.2. Fraude en el Acta de Matrimonio: El Matrimonio como Instrumento

El fraude en el acta de matrimonio venezolana adopta dos formas principales, cada una con sus propios indicadores y su propio impacto en el caso migratorio:

Fraude tipo 1, Falsificación del documento: Fabricación o alteración del acta de matrimonio para demostrar una unión conyugal que no existió, o para modificar datos de la unión existente (cambio de fecha para calificar para ciertos beneficios, cambio de nombre de uno de los cónyuges). Los indicadores de detección son similares a los de la partida de nacimiento: inconsistencias tipográficas, sellos irregulares, firmas inconsistentes.

Fraude tipo 2, Matrimonio fraudulento para fines migratorios: Esta es la forma de fraude más relevante en el contexto estadounidense. En Venezuela, como en otros países, existen redes que facilitan matrimonios entre venezolanos y ciudadanos o residentes permanentes de países donde el cónyuge desea migrar. La diferencia con un matrimonio de conveniencia ordinario es que en algunos casos la documentación venezolana del matrimonio es completamente auténtica: el matrimonio se celebró, los documentos son reales, pero la intención de la unión no era conyugal, sino migratoria.

La USCIS ha desarrollado procedimientos específicos para detectar el fraude matrimonial, incluyendo entrevistas separadas a los cónyuges con preguntas detalladas sobre la vida conyugal compartida. El FDNS puede hacer visitas domiciliarias no anunciadas para verificar la convivencia real. En el caso de matrimonios entre venezolanos y estadounidenses, el expediente documental venezolano (acta de matrimonio, evidencia de la relación, historia compartida) es parte esencial del paquete de evidencias que debe ser evaluado por profesionales con conocimiento del sistema venezolano.

3.5.3. El Divorcio y sus Implicaciones Documentales

Las sentencias de divorcio en Venezuela son dictadas por los Tribunales de Primera Instancia de Familia, y deben ser posteriormente insertadas en el acta de matrimonio correspondiente mediante una nota marginal. Esta nota marginal es el elemento que transforma el estado civil del individuo de "casado" a "divorciado" en el sistema registral venezolano.

Para los casos migratorios, la ausencia de la nota marginal de divorcio en el acta de matrimonio (cuando el solicitante declara ser divorciado) es un indicador de alerta que puede reflejar fraude (el matrimonio anterior nunca fue disuelto) o simplemente las deficiencias del sistema venezolano (el tribunal no envió la nota al Registro Civil, lo cual ocurre con regularidad). La distinción entre estas dos explicaciones requiere investigación contextualizada.

> *ARGUMENTO DEFENSIVO: El abogado debe estar preparado para explicar al juez de inmigración que el sistema de registro de notas marginales de divorcio en Venezuela ha funcionado de manera irregular, especialmente en el interior del país. La ausencia de la nota marginal no es, por sí sola, evidencia concluyente de que el matrimonio anterior subsiste.*

3.6. La Apostilla: El Eslabón Internacional

La Apostilla de La Haya es el mecanismo de autenticación internacional previsto por el Convenio de La Haya del 5 de octubre de 1961.[11] Suprime la necesidad de legalización consular de documentos públicos emitidos en un país firmante del Convenio para ser reconocidos en otro país firmante. Venezuela ratificó el Convenio y es país firmante.

---

[11] Convenio de La Haya del 5 de octubre de 1961 que Suprime la Exigencia de Legalización de los Documentos Públicos Extranjeros (Convenio de la Apostilla), del cual Venezuela es Estado parte.

La apostilla venezolana es emitida, dependiendo del tipo de documento, por:

El Ministerio de Relaciones Exteriores: Para documentos del Registro Civil y documentos notariales.

El Tribunal Supremo de Justicia: Para documentos judiciales.

La Contraloría General de la República: Para documentos administrativos.

El mercado del fraude documental venezolano ha encontrado en la apostilla un vector de ataque particularmente rentable. Se han documentado dos modalidades principales:

Apostilla fabricada sobre documento auténtico: El documento base es auténtico, pero la apostilla que lo acompaña es falsa, fabricada mediante impresión y sello clonado. La apostilla auténtica debe tener un número de registro verificable en el sistema del Ministerio de Relaciones Exteriores venezolano.

Apostilla auténtica sobre documento falso: El documento base es fraudulento (fabricado o alterado), pero la apostilla fue obtenida mediante corrupción de un funcionario del Ministerio de Relaciones Exteriores que la emitió sobre un documento que no debería haberla recibido. En este caso, el número de registro de la apostilla puede ser verificado y aparecer como "válido", aunque el documento que certifica sea falso.

ALERTA PARA EL JUEZ DE INMIGRACIÓN: Una apostilla válida certifica que el documento fue emitido por quien dice haberlo emitido y que la firma es auténtica. NO certifica que el contenido del documento sea verdadero. Esta distinción, frecuentemente malentendida, es crítica: un acta de nacimiento con datos falsos inscritos por un registrador corrupto puede tener una apostilla perfectamente válida.

Capítulo 4: Documentos Judiciales y Policiales Venezolanos

Denuncia CICPC, Ministerio Público, SEBIN, DGCIM: Autenticidad, Fraude y el Sistema Americano de Detección

---

4.1. Introducción: El Documento Penal como Eje del Caso de Asilo

Si la partida de nacimiento establece quién es el solicitante, los documentos judiciales y policiales establecen por qué el solicitante tiene miedo de regresar a Venezuela. En la arquitectura de un caso de asilo venezolano, los documentos del sistema de justicia penal son frecuentemente las piezas más decisivas del expediente: una denuncia ante el CICPC puede documentar que el solicitante reportó un crimen y fue víctima de represalias; un acto conclusivo del Ministerio Público puede demostrar que fue imputado falsamente por razones políticas; una citación del SEBIN puede ser la evidencia más directa de persecución estatal.

Por esa misma razón, estos documentos son también los más frecuentemente falsificados con propósitos migratorios. El mercado del fraude documental venezolano ha identificado que los jueces de inmigración y los oficiales de asilo responden con mayor receptividad a los casos que incluyen documentación del sistema penal, y ha respondido produciendo esa documentación artificialmente.

Este capítulo analiza los documentos judiciales y policiales venezolanos desde la perspectiva del profesional legal que debe evaluarlos: qué son, cómo funcionan en el sistema venezolano, cuáles son sus elementos de autenticidad, y cómo se detecta el fraude tanto en Venezuela como en el sistema estadounidense.

4.2. El CICPC: Cuerpo de Investigaciones Científicas, Penales y Criminalísticas

4.2.1. Naturaleza Institucional y Competencia

El CICPC es el principal organismo de investigación criminal de Venezuela. Fue creado por la Ley del CICPC y su reforma mediante la Ley de Reforma del Decreto con Rango, Valor y Fuerza de Ley del Estatuto de la Función de la Policía de Investigación. Su misión es garantizar la seguridad en la pesquisa de delitos mediante métodos científicos, y sus actuaciones tienen valor probatorio en el proceso penal venezolano bajo el Código Orgánico Procesal Penal (COPP).

El CICPC tiene competencia nacional y opera a través de delegaciones estadales y subdelegaciones municipales en todo el país. Sus funciones incluyen: recepción de denuncias, investigación criminal, práctica de experticias (análisis forenses), colección de evidencias, y apoyo al Ministerio Público en la sustanciación de las causas penales.

El CICPC no trabaja en aislamiento técnico. Cada delegación estadal cuenta con el apoyo de su División de Ciencias Forenses, que incluye expertos en documentología, grafotecnia, balística, bioquímica forense y otras especialidades periciales. Los documentólogos analizan la autenticidad de documentos mediante examen visual directo, microscópico, bajo luz ultravioleta e infrarroja. Los grafotécnicos estudian firmas, rúbricas y escrituras para determinar si corresponden al titular declarado o si han sido imitadas. Esta infraestructura técnica, cuando funciona, constituye el primer filtro de autenticación documental dentro del sistema penal venezolano.

El Ministerio Público, por su parte, disponía de una Unidad de Apoyo Técnico-Científico que proveía asistencia pericial a los fiscales en casos donde la evidencia técnica era determinante. Esta unidad era el puente entre la investigación criminal y el proceso judicial: sus informes sobre autenticidad o falsedad documental eran las piezas técnicas que el fiscal presentaba ante el tribunal. El conocimiento de esta infraestructura es relevante para el profesional legal en Estados Unidos: cuando un documento venezolano presenta indicadores de falsificación, existe un estándar de análisis forense en el país de origen con el cual comparar, aunque ese estándar haya sido erosionado por la crisis institucional.

DATO DE PRIMERA FUENTE: En los años de mayor deterioro institucional, el autor presenció el uso de papel reciclado en la producción de documentos oficiales dentro de algunas dependencias del Ministerio Público, en virtud de la crisis de suministros que atravesaba Venezuela. Este tipo de detalle es invisible para quien evalúa un documento sin conocer el contexto, pero es detectable mediante análisis especializado: la textura del papel, las marcas de impresión anterior visibles al trasluz, y la inconsistencia entre el soporte físico y el carácter oficial del documento son todos indicadores relevantes.

Para el caso migratorio venezolano, los documentos del CICPC más relevantes son:

> El Acta de Denuncia: Constancia formal de que una persona reportó un delito ante el CICPC.
>
> Los Informes de Experticia: Análisis técnicos realizados por expertos del CICPC sobre evidencias físicas (documentos, armas, sustancias, lesiones).
>
> Las Actas de Investigación: Actuaciones de los investigadores en el marco de una causa penal.
>
> Los Informes Médico-Forenses: Cuando el Departamento de Ciencias Forenses del CICPC practica exámenes médicos a víctimas (lesiones, tortura, agresiones sexuales).

4.2.2. La Denuncia ante el CICPC: Estructura y Elementos de Autenticidad

La denuncia ante el CICPC es el primer acto formal del proceso penal en Venezuela para los delitos de acción pública. El COPP establece en su Libro Segundo, Título I, Capítulo II, Sección Segunda el marco normativo de la denuncia: no requiere ratificación bajo juramento (a diferencia del sistema anterior), puede ser interpuesta por cualquier persona con conocimiento de un hecho delictivo, y debe contener:

Identificación completa del denunciante: nombre, cédula de identidad, dirección.

Narración detallada de los hechos: lugar, fecha, hora y circunstancias del hecho denunciado.

Identificación de los presuntos autores si son conocidos.

Identificación de testigos, si los hubiere.

Número de causa asignado por el CICPC (número de expediente).

Identificación del funcionario que recibe la denuncia: nombre, rango, placa.

Firma del denunciante y del funcionario receptor.

Sello húmedo de la dependencia del CICPC que recibió la denuncia.

Fecha y hora de recepción.

Una denuncia auténtica del CICPC no es un documento de alta seguridad: es, en esencia, un acta administrativa producida en papel oficio con los elementos descritos anteriormente. Su valor probatorio en el proceso venezolano y su relevancia en el proceso migratorio estadounidense derivan de su contenido, lo que se denuncia y quién lo denuncia, no de sus elementos físicos de seguridad.

4.2.3. La Experiencia del Fiscal del Ministerio Público: Una Perspectiva de Primera Fuente

El autor de este capítulo sirvió como Fiscal 7° del Ministerio Público en el estado Táchira durante más de quince años. Desde esa posición, recibió, procesó y supervisó miles de denuncias interpuestas ante el CICPC. Lo que sigue es conocimiento de primera fuente, no académico.

Una denuncia auténtica del CICPC tiene una consistencia interna que va más allá de los elementos físicos del documento. El número de expediente sigue un sistema de numeración específico: el sistema JURIS 2000 (frecuentemente citado también como "IURIS 2000") fue implementado por el Tribunal Supremo de Justicia, mediante un convenio con el Banco Mundial para la modernización del Poder Judicial, como el sistema de gestión, decisión y documentación de los tribunales venezolanos (no del Ministerio Público). Una vez que una causa penal llega a los tribunales, cada expediente recibe una numeración que codifica el año, el circuito judicial y el número secuencial de la causa. El Ministerio Público, por su parte, mantiene su propia numeración interna de causas fiscales, bajo una lógica de codificación similar por año y circunscripción. Una denuncia que declara haber sido interpuesta en 2018 pero con un número que no corresponde al formato del sistema del período es una señal de alerta inmediata para cualquier profesional del sistema judicial venezolano.

Igualmente importante es la coherencia entre la denuncia y los actos procesales subsiguientes. En el sistema venezolano, una denuncia interpuesta ante el CICPC genera automáticamente una comunicación al Ministerio Público, que debe asumir la dirección de la investigación. Un expediente que contiene una denuncia CICPC sin ningún acto procesal posterior del Ministerio Público (ninguna citación, ningún acto conclusivo, ninguna comunicación) es altamente sospechoso, porque en el sistema venezolano real, incluso los casos sin solución judicial dejan rastro documental.

> *NOTA DEL AUTOR: Esta clase de conocimiento (la consistencia procesal de un expediente venezolano) no puede obtenerse de un manual o de una base de datos. Es el producto de años de práctica dentro del sistema. Es precisamente por esta razón que el análisis de documentos judiciales venezolanos requiere la participación de un experto con experiencia directa en el sistema, no de un preparador de formularios o de un software de verificación genérico.*

4.2.4. Indicadores de Fraude en Denuncias CICPC

1. Número de expediente inconsistente: El número de causa asignado no corresponde al formato del período declarado, o a la dependencia específica del CICPC que supuestamente lo emitió. Cada delegación tiene su propio sistema de numeración interna.

2. Funcionario receptor inexistente o de rango incorrecto: La identidad del funcionario del CICPC que recibió la denuncia puede verificarse parcialmente. Si el nombre no corresponde a nadie conocido en la dependencia, o si el rango asignado no es el correcto para el tipo de unidad, es una señal de alerta.

3. Sello de dependencia incorrecta: El sello debe corresponder a la delegación o subdelegación específica del CICPC que supuestamente recibió la denuncia. Un sello genérico "CICPC" sin identificación de la dependencia específica, o un sello que no corresponde a la ubicación geográfica declarada, es sospechoso.

4. Narrativa inconsistente con la jurisdicción: Los hechos descritos en la denuncia ocurren en un lugar que no corresponde a la jurisdicción de la dependencia del CICPC que recibió la denuncia. En Venezuela, las denuncias generalmente se interponen ante la dependencia del CICPC más cercana al lugar de los hechos o al domicilio del denunciante.

5. Ausencia de número de causa en el Ministerio Público: Idealmente, una denuncia CICPC genera una causa en el Ministerio Público. Si el solicitante no tiene ningún número de causa del Ministerio Público asociado a la denuncia, debe explicar por qué, lo cual puede ser legítimo (el MP archivó la causa, no la procesó), pero debe ser corroborado con evidencia contextual.

6. Documento producido fuera del proceso real: El más difícil de detectar: una denuncia producida por un funcionario corrupto que la inscribió en el sistema sin que el hecho denunciado haya ocurrido. Este tipo de fraude requiere verificación cruzada con otras evidencias del expediente y, en algunos casos, con fuentes de inteligencia sobre las condiciones en Venezuela.

4.3. El Ministerio Público: Los Documentos de la Acusación

4.3.1. El Rol del Ministerio Público en el Proceso Penal Venezolano

El Ministerio Público (Fiscalía General de la República) es el órgano de Estado venezolano encargado de ejercer la acción penal en nombre del Estado. En el sistema acusatorio venezolano establecido por el COPP, el Ministerio Público tiene la dirección de la investigación penal: el CICPC investiga bajo la supervisión del fiscal, y el fiscal decide si acusar, sobreseer o archivar la causa.

Los documentos del Ministerio Público son especialmente relevantes en dos escenarios de casos migratorios venezolanos:

> Escenario 1, El solicitante como víctima o denunciante: El solicitante interpuso una denuncia por hechos de persecución, extorsión, amenazas o violencia. El Ministerio Público procesó (o no procesó) esa denuncia. Los actos del MP documentan tanto la

existencia del hecho denunciado como la respuesta (o falta de respuesta) del Estado venezolano.

Escenario 2, El solicitante como imputado: El gobierno venezolano inició un proceso penal contra el solicitante por razones que el solicitante alega son políticas. Los documentos del MP (imputación, acto conclusivo, solicitud de arresto) son la evidencia directa de la persecución que fundamenta el caso de asilo.

4.3.2. Los Actos Procesales del Ministerio Público: Identificación y Autenticidad

Los principales documentos del Ministerio Público venezolano que aparecen en casos migratorios son:

La Orden de Inicio de Investigación

Es el acto mediante el cual el Ministerio Público formaliza el inicio de una investigación penal. Debe contener: número de causa, datos del fiscal asignado, descripción de los hechos investigados, norma penal presuntamente violada, y data de inicio. Este documento marca el primer acto formal del proceso.

La Citación

Es el requerimiento formal del Ministerio Público para que una persona comparezca ante la fiscalía o ante el CICPC. Puede ser una citación ordinaria (para el imputado o para un testigo) o puede preceder a la realización de la audiencia de imputación formal. Debe contener: nombre del citado, carácter en que comparece (testigo, imputado, víctima), fiscalía y tribunal de destino, fecha y hora de la comparecencia, y firma del fiscal o del secretario de la fiscalía.

El Acto de Imputación

Es el acto formal mediante el cual el Ministerio Público comunica al investigado los hechos que se le atribuyen y los delitos por los que se le imputa. Es un acto de alta relevancia procesal y genera derechos específicos para el imputado (derecho a la defensa, derecho a conocer los cargos). Su documentación formal incluye el acta levantada ante el tribunal de control.

Los Actos Conclusivos

Una vez concluida la investigación, el Ministerio Público puede adoptar uno de tres actos conclusivos:

> Acusación: El fiscal considera que existen elementos para llevar el caso a juicio oral.
>
> Sobreseimiento: El fiscal solicita al tribunal el cierre definitivo del caso por alguna de las causales del COPP (prescripción, atipicidad, insuficiencia de pruebas).
>
> Archivo Fiscal: El fiscal archiva el caso por no tener suficientes elementos para acusar, sin que esto impida reabrirlo si aparecen nuevas pruebas.

La Orden de Aprehensión / Privativa de Libertad

Es una medida coercitiva solicitada por el fiscal al tribunal de control y decretada por el juez. Su presencia en un expediente migratorio es uno de los indicadores más directos de persecución: si el Estado venezolano buscaba detener al solicitante, y ese solicitante huyó antes de ser detenido, la orden de aprehensión es evidencia directa de la persecución que fundamenta el asilo.

4.3.3. Indicadores de Fraude en Documentos del Ministerio Público

1. Número de causa con formato incorrecto: El Ministerio Público venezolano mantiene su propia numeración de causas, siguiendo una lógica de codificación por año, circunscripción judicial y número secuencial (distinta de la del sistema JURIS 2000, que es propio de los tribunales, no de las fiscalías). Una causa con numeración que no corresponde al formato del período declarado es inmediatamente sospechosa para cualquier profesional del sistema venezolano.

2. Fiscal sin existencia verificable: Los fiscales del Ministerio Público son funcionarios públicos con nombramiento formal. Si el nombre del fiscal que aparece en el documento no corresponde a nadie registrado en la fiscalía del estado declarado para el período indicado, es una señal de alerta.

3. Tribunal o circuito judicial incorrecto: Los circuitos judiciales penales venezolanos tienen competencia territorial específica. Un acto procesal que declara haber sido realizado ante un tribunal que no existía en esa jurisdicción en ese período es evidencia de falsificación.

4. **Inconsistencia procesal:** Una imputación sin una citación previa, o una orden de aprehensión sin una imputación formal previa (salvo en casos de flagrancia), son inconsistencias que no corresponden al proceso penal venezolano ordinario. Un profesional familiarizado con el sistema las detecta inmediatamente.

5. **Ausencia de sello del tribunal:** Los documentos procesales venezolanos siempre llevan el sello húmedo del tribunal o la fiscalía que los produce. Un documento sin sello, o con un sello genérico que no identifica el tribunal específico, es sospechoso.

4.4. SEBIN y DGCIM: Los Documentos de la Persecución Política

4.4.1. Naturaleza y Competencia

El Servicio Bolivariano de Inteligencia Nacional (SEBIN) y la Dirección General de Contrainteligencia Militar (DGCIM) son los dos organismos de seguridad e inteligencia del Estado venezolano más frecuentemente mencionados en casos de asilo por persecución política. El SEBIN actúa bajo el Ministerio del Poder Popular para Relaciones Interiores, Justicia y Paz; la DGCIM actúa bajo el Ministerio del Poder Popular para la Defensa.

Ambos organismos han sido documentados por organizaciones internacionales como Human Rights Watch, Amnesty International y el Panel de Expertos de las Naciones Unidas como responsables de graves violaciones a los derechos humanos, incluyendo detenciones arbitrarias, tortura, y desapariciones forzadas. El Informe de la Misión Internacional Independiente de Determinación de los Hechos sobre Venezuela (ACNUDH, 2020) encontró motivos razonables para creer que funcionarios del SEBIN y la DGCIM habían cometido crímenes de lesa humanidad.[12]

4.4.2. Los Documentos del SEBIN y DGCIM en el Expediente Migratorio

Los documentos de estas agencias que aparecen con mayor frecuencia en expedientes migratorios venezolanos son:

> Citaciones o notificaciones para comparecer ante el SEBIN o DGCIM: Documentos que requieren la presencia del solicitante ante los organismos de inteligencia.

---

[12] Misión Internacional Independiente de Determinación de los Hechos sobre Venezuela, Informe, U.N. Doc. A/HRC/45/33, Oficina del Alto Comisionado de las Naciones Unidas para los Derechos Humanos (ACNUDH), 15 de septiembre de 2020 (encontrando motivos razonables para creer que funcionarios del SEBIN y la DGCIM cometieron crímenes de lesa humanidad).

Órdenes de detención o arresto: Emitidas por o en nombre del SEBIN o DGCIM.

Documentos de reconocimiento o testigos: Constancias emitidas por terceros que afirman haber visto al solicitante citado o detenido.

Estos documentos presentan un desafío de verificación único: a diferencia del CICPC o el Ministerio Público, el SEBIN y la DGCIM no son organismos cuya documentación esté sujeta a controles transparentes o a verificación pública. Su estructura es opaca por diseño, y la autenticación de sus documentos ante una corte de inmigración requiere análisis contextual intenso.

4.4.3. La Paradoja del Documento Auténtico de Persecución

Los documentos del SEBIN y la DGCIM presentan una paradoja que no existe en ningún otro tipo de evidencia documental venezolana: pueden ser completamente auténticos y, al mismo tiempo, reflejar una persecución fabricada por el propio Estado. El gobierno venezolano ha utilizado el sistema de justicia penal como herramienta de represión política, generando documentación oficial de procesos penales iniciados por razones políticas, no por hechos delictivos reales.

Esto significa que un caso migratorio puede incluir una imputación del Ministerio Público, una orden de aprehensión, e incluso una sentencia condenatoria del Poder Judicial venezolano, todos documentos físicamente auténticos, producidos por las instituciones competentes, y todos ellos ser evidencia de persecución política, no de criminalidad real del solicitante. El análisis de estos documentos requiere no solo la evaluación de su autenticidad física, sino la comprensión del contexto político en que fueron producidos.

> *CITA JURISPRUDENCIAL RELEVANTE: En Matter of D-V-, 21 I&N Dec. 77 (BIA 1993),*[13] *la BIA concedió asilo a una solicitante que temía represalias de sus atacantes, encontrando que el miedo a violaciones futuras era fundado. El principio aplicable a los documentos de persecución venezolana es similar: la producción de un documento de acusación por el Estado no certifica la culpabilidad del acusado, y puede ser en sí misma evidencia de persecución.*

4.5. El Sistema Americano de Detección: Cómo Evalúa el Gobierno de Estados Unidos los Documentos Venezolanos

[13] Matter of D-V-, 21 I&N Dec. 77 (BIA 1993) (concediendo asilo a una solicitante haitiana víctima de violación en grupo, al considerar fundado el temor de represalias futuras por parte de sus atacantes).

4.5.1. La Arquitectura Federal de Detección del Fraude Documental

El gobierno de los Estados Unidos ha construido una arquitectura institucional robusta para la detección del fraude en documentos extranjeros presentados en procesos migratorios. Esta arquitectura tiene tres niveles que el profesional legal debe conocer:

Nivel 1: FDNS, La Primera Línea de Detección

La Fraud Detection and National Security Directorate (FDNS) de USCIS es la primera línea de detección institucional. La FDNS tiene cuatro funciones misionales: detectar, disuadir e investigar administrativamente el fraude en inmigración; establecer guías y supervisar procesos para identificar casos de seguridad nacional; desarrollar e implementar políticas de screening; y servir como enlace principal de USCIS con la comunidad de inteligencia y las agencias de ley.

Los oficiales de la FDNS están embebidos en todas las oficinas de asilo de USCIS y en los centros de servicio donde se procesan peticiones. Su trabajo incluye revisar evidencia documental, conducir investigaciones de contexto, realizar "site visits" (visitas de verificación no anunciadas), y referir casos para investigación criminal cuando la evidencia lo justifica. Adicionalmente, la FDNS opera el sistema FDNS-DS (Fraud Detection and National Security Data System), al que más recientemente se incorporó la funcionalidad

ATLAS para la identificación y revisión automatizada de casos con indicadores de fraude o seguridad nacional.

Nivel 2: HSI-FDL, El Análisis Forense

El Forensic Document Laboratory (FDL) de Homeland Security Investigations (HSI) es el único laboratorio forense federal dedicado exclusivamente al examen forense de documentos de viaje e identidad. El FDL tiene examinadores especializados que analizan pasaportes, visas, cédulas de identidad, actas de nacimiento y documentos relacionados para determinar si un documento es auténtico o ha sido alterado. La capacidad del FDL incluye análisis de los tres niveles de seguridad documental (visual, instrumental, laboratorio) y acceso a bases de datos internacionales de referencia de documentos auténticos.

El HSI también creó y lidera los Document and Benefit Fraud Task Forces (DBFTF), grupos de trabajo interagenciales que maximizan recursos, eliminan duplicación de esfuerzos y promueven el intercambio de información entre USCIS, el Departamento de Trabajo, el Servicio Postal, y otras agencias. Estos grupos de trabajo se enfocan específicamente en identificar las redes organizadas detrás del fraude documental, no solo a los individuos que presentan documentos falsos, sino a los fabricantes, distribuidores y facilitadores.

Nivel 3: ODV, Verificación en el País de Origen

El Overseas Document Verification (ODV) es el mecanismo mediante el cual documentos pueden ser enviados a funcionarios del gobierno estadounidense en el país de origen para verificar su autenticidad con las instituciones emisoras locales. En el caso venezolano, la efectividad del ODV es limitada por la falta de relaciones diplomáticas plenas entre Venezuela y Estados Unidos, y por la poca cooperación que el gobierno venezolano brinda a estas verificaciones. Sin embargo, cuando es factible, el ODV puede proporcionar confirmación directa o refutación de la autenticidad de un documento específico.

4.5.2. Cómo Se Detecta el Fraude en Documentos Venezolanos en la Práctica

Los mecanismos de detección en la práctica cotidiana del sistema migratorio estadounidense incluyen:

Análisis de consistencia interna: Los oficiales de USCIS y los jueces de inmigración están entrenados para identificar inconsistencias internas en los expedientes: fechas que no cuadran, nombres que varían entre documentos, numeraciones que no corresponden a los sistemas conocidos. El problema es que este entrenamiento es genérico, no específico para documentos venezolanos. Un oficial sin conocimiento del sistema de numeración judicial y fiscal venezolano no puede detectar una numeración falsa de causa penal venezolana.

Verificación biométrica: Los solicitantes de asilo son sometidos a recolección de huellas dactilares y fotografías, que son comparadas con bases de datos federales (FBI, DHS) e internacionales. Esto detecta identidades múltiples dentro del sistema estadounidense e interamericano, pero no detecta fraude en documentos venezolanos que no han sido previamente ingresados al sistema.

Referencia al FDL: Cuando hay indicadores específicos de fraude documental, los documentos pueden ser enviados al HSI-FDL para análisis forense. Este proceso, sin embargo, no es automático y depende de que el oficial o el juez identifique los indicadores de alerta y tome la iniciativa de referir el caso.

Investigación de contexto: La FDNS puede investigar el contexto de un caso: verificar que las direcciones son reales, que las instituciones mencionadas existen, que los eventos declarados son consistentes con información disponible sobre las condiciones en Venezuela. Para esto utilizan fuentes abiertas, informes del Departamento de Estado, y bases de datos de inteligencia.

Lo que el sistema estadounidense no puede hacer de forma autónoma es lo que requiere conocimiento especializado del sistema venezolano: determinar si un número de causa del Ministerio Público es auténtico para el período declarado, si el sello de una delegación CICPC corresponde al diseño oficial de esa dependencia específica, o si la narrativa de una denuncia es consistente con el proceso penal venezolano real. Esa brecha es exactamente donde el experto en documentos venezolanos aporta valor que ninguna base de datos ni ningún software puede replicar. El Latino Institute for Security Efficiency (LISE LLC) fue fundado precisamente para llenar esa brecha. Cuenta con una red de expertos con experiencia directa, conocimiento institucional, grados académicos y trayectoria comprobada dentro del sistema venezolano, disponibles tanto para bufetes de inmigración como para agencias del orden público. Al ser una empresa formalmente registrada con código CAGE (Commercial and Government Entity) dentro del sistema federal de contratistas de los Estados Unidos, LISE puede prestar sus servicios de verificación documental y análisis de evidencia directamente a agencias gubernamentales, además de a la práctica privada de inmigración.

4.5.3. Las Consecuencias del Fraude Documental en Casos Penales Federales

El fraude documental en el contexto migratorio estadounidense no es una infracción administrativa: es un delito federal con consecuencias penales graves. Los instrumentos legales más frecuentemente utilizados incluyen:

> 18 U.S.C. § 1546, Fraude en visas e instrumentos de inmigración: Prevé penas de hasta 10 años de prisión para quien falsifica, altera o usa con conocimiento documentos de inmigración falsos. La pena puede aumentar a 25 años si el fraude tiene nexo con terrorismo.
>
> 18 U.S.C. § 1001, Declaraciones falsas ante agencias federales: Prevé penas de hasta 5 años de prisión (hasta 8 años en conexión

con terrorismo) para quien hace declaraciones materialmente falsas ante una agencia o corte federal. Aplica a los formularios I-589, I-485, I-130 y a toda declaración ante el EOIR.

18 U.S.C. § 1543, Falsificación de pasaportes: Hasta 25 años de prisión si el fraude tiene conexión con terrorismo.

INA § 212(a)(6)(C), Inadmisibilidad por fraude: La determinación de inadmisibilidad por fraude o tergiversación material es permanente, salvo waiver específico.

Los casos documentados ilustran la severidad de estas consecuencias. Diego José Ibarra, venezolano presuntamente afiliado al Tren de Aragua, recibió 48 meses de prisión federal por posesión de green card falsa.[14] Anthony Emmanuel Labrador-Sierra, venezolano que usó una fecha de nacimiento falsa en formularios de TPS, enfrentó cargos en un gran jurado federal y fue condenado. En ambos casos, la detección del fraude no requirió tecnología forense avanzada: requirió verificación cruzada de información básica.

---

[14] U.S. Attorney's Office, Middle District of Georgia, "Three Venezuelans Sentenced to Prison for Possessing Fake Green Cards," justice.gov, 19 de marzo de 2025 (relatando la condena de Diego José Ibarra, identificado como presunto integrante del Tren de Aragua, a 48 meses de prisión federal por posesión de una tarjeta de residencia fraudulenta).

4.6. El Rol Insustituible del Experto: Por Qué Esta No Es Tarea para Preparadores

El análisis de los documentos judiciales y policiales venezolanos requiere un nivel de conocimiento especializado que no puede ser simulado, aproximado ni improvisado. No es tarea para preparadores de formularios. No es tarea para "consultores de inmigración". No es tarea para un paralegal sin supervisión. Y, con respeto pero con franqueza, muchas veces tampoco es tarea para un abogado de inmigración sin experiencia específica en el sistema venezolano.

La distinción no es una cuestión de credenciales o de marketing. Es una cuestión de consecuencias. Un preparador no autorizado que "evalúa" una denuncia CICPC mirando si el papel "se ve oficial" no está haciendo análisis documental: está emitiendo una opinión sin fundamento técnico sobre evidencia que puede determinar si una persona permanece en los Estados Unidos o es deportada a un país donde puede ser perseguida, encarcelada o asesinada. El error tiene consecuencias que van más allá del caso individual: contamina el expediente, expone al abogado a responsabilidad ética, y puede resultar en cargos criminales para el solicitante que presentó el documento fraudulento sin saberlo.

El sistema legal estadounidense ha reconocido explícitamente este problema. Bajo 8 C.F.R. 1.1(m), la representación ante USCIS y el EOIR incluye toda actividad de preparación y asesoría relacionada con casos de inmigración, no solo la comparecencia en audiencias. El ejercicio no autorizado de la ley de inmigración es un delito en la mayoría de los estados. La ABA, el CLINIC y decenas de organizaciones de defensa de inmigrantes han documentado sistemáticamente el daño causado por preparadores no autorizados: pérdida de oportunidades legales, deportaciones evitables, y en algunos casos, la destrucción irrecuperable del caso de una persona que tenía derecho legítimo a protección.

Existe, sin embargo, una figura que el sistema migratorio estadounidense reconoce y valora: el testigo experto en condiciones de país y documentación extranjera. Este experto, cuando cumple los estándares del estándar Daubert y tiene las calificaciones adecuadas, puede aportar al expediente el conocimiento sistémico del que el proceso carece por sí solo. No es un sustituto del abogado: es su aliado técnico.

Las calificaciones que hacen a un experto en documentación venezolana genuinamente útil para la corte de inmigración incluyen: experiencia directa en el sistema de justicia venezolano (no solo conocimiento académico), familiaridad con los formatos documentales de diferentes períodos e instituciones, comprensión del ecosistema del fraude documental venezolano, y capacidad para comunicar ese conocimiento en términos que un juez de inmigración sin formación específica pueda comprender y evaluar.

4.7. Síntesis: La Cadena Documental del Caso de Persecución

Un caso de asilo venezolano bien construido sobre la base de persecución penal o política típicamente sigue una cadena documental que el abogado debe poder leer como un todo coherente, no como documentos aislados:

Nivel 1, Identidad: Cédula de identidad y pasaporte (Capítulo 2). Sin identidad establecida, nada más importa.

Nivel 2, Estado civil y vínculos familiares: Partida de nacimiento y acta de matrimonio (Capítulo 3). Establecen quiénes son las personas involucradas en la narración.

Nivel 3, Hecho generador de la persecución: Denuncia CICPC o evidencia del acto que desencadenó la persecución (este capítulo). ¿Qué ocurrió? ¿Cuándo? ¿Quién lo reportó?

Nivel 4, Respuesta del Estado persecutor: Imputación, citación, orden de aprehensión del MP, SEBIN o DGCIM (este capítulo). ¿Cómo respondió el Estado venezolano?

Nivel 5, Corroboración médica o psicológica: Informe médico forense o psicológico (Capítulo 5). ¿Cuál fue el impacto físico o psicológico de la persecución?

Nivel 6 (Contexto del país: Country conditions evidence) informes del Departamento de Estado, HRW, Amnesty, ACNUDH. ¿Es creíble este tipo de persecución en Venezuela?

Cada eslabón de esta cadena debe ser analizado por sí mismo y en relación con los demás. Un documento auténtico en un eslabón no salva un documento fraudulento en otro. Y un expediente completo y coherente, donde cada pieza corrobora las demás, tiene un poder persuasivo que ningún documento aislado puede igualar.

> *CONCLUSIÓN DEL CAPÍTULO: Los documentos judiciales y policiales venezolanos son las piezas más críticas y las más susceptibles de fraude en el expediente migratorio. Su evaluación correcta requiere conocimiento directo del sistema venezolano, metodología forense estructurada, y comprensión de las consecuencias legales (tanto para el solicitante como para el profesional que los presenta) de un análisis deficiente. El siguiente capítulo aborda la última categoría de evidencia documental que completa el expediente: los documentos médicos y psicológicos forenses.*

Capítulo 5: Documentos Médicos y Psicológicos Forenses

Evidencia de Torturas, Lesiones y Trauma Psicológico: Autenticidad, Fraude y la Paradoja del Sistema

---

5.1. Introducción: El Cuerpo como Documento

En el derecho internacional de los derechos humanos existe un principio que los médicos forenses conocen bien y que los abogados de inmigración deberían conocer igualmente: el cuerpo humano es el documento más difícil de falsificar. Las cicatrices, las fracturas mal soldadas, los patrones de lesión, los indicadores fisiológicos del trauma crónico, estos son registros que el cuerpo produce sin intervención de ninguna institución y que un médico entrenado puede leer con una precisión que ningún sello oficial puede igualar.

En el caso venezolano, sin embargo, la situación es más compleja. El cuerpo del solicitante puede ser el documento más honesto del expediente, pero los documentos que lo describen, el informe médico forense del CICPC, el informe psicológico del Centro Forense, el certificado del médico del hospital público, tienen que pasar por el mismo sistema institucional que en Venezuela ha sido documentado como cómplice de las violaciones que pretende registrar. Esta tensión define este capítulo.

5.2. El Marco Institucional: Quién Produce los Documentos Médico-Forenses en Venezuela

5.2.1. El Departamento de Ciencias Forenses del CICPC

El principal productor de documentos médico-forenses en Venezuela es el Departamento de Ciencias Forenses del CICPC. Esta unidad tiene la responsabilidad de practicar todos los reconocimientos médico-legales requeridos en el marco de investigaciones penales: examen de lesiones, reconocimientos de cadáveres, análisis de fluidos biológicos, autopsias, exámenes de agresión sexual, y evaluaciones de capacidad física para la detención.

El Departamento de Ciencias Forenses opera a través de las Divisiones de Ciencias Forenses distribuidas en las delegaciones estadales del CICPC. Sus informes son las piezas técnicas centrales de la mayoría de los procesos penales relacionados con violencia física. El sistema de numeración de los informes codifica información verificable: estado, dependencia, tipo de experticia, número secuencial y año. Una discrepancia en esta numeración es un indicador inmediato de alerta para cualquier profesional familiarizado con el sistema.

Los informes del Departamento tienen una estructura estándar: número de experticia, fecha y hora del reconocimiento, identificación del experto con número de placa CICPC, descripción clínica de los hallazgos, diagnóstico médico-legal, conclusiones periciales, y firma con sello de la dependencia. La ausencia de cualquiera de estos elementos es un indicador de alerta.

5.2.2. IVSS y Red Hospitalaria Pública

El IVSS y la red hospitalaria pública producen documentos médicos relevantes para casos migratorios: historias clínicas, certificados de atención de emergencia, constancias de tratamiento, e informes de lesiones. A diferencia de los informes del CICPC, estos documentos tienen carácter clínico más que pericial, pero su relevancia probatoria puede ser igualmente importante.

El colapso del sistema de salud venezolano, documentado por la OPS, Médicos Sin Fronteras y las propias declaraciones informales de autoridades venezolanas, tiene consecuencias directas para la consistencia de esta documentación. Hospitales que operan con suministros insuficientes, personal no pagado y registros en papel por ausencia de electricidad constante, producen documentación que puede ser inconsistente o incompleta. Estas características no son indicadores de fraude: son el reflejo del colapso institucional.

5.2.3. Colegios Profesionales y Certificación

Los informes médicos de profesionales privados tienen validez cuando están firmados por médicos o psicólogos certificados por el Colegio de Médicos o el Colegio de Psicólogos del estado correspondiente. El número de inscripción en el colegio respectivo debe aparecer en toda constancia oficial y puede verificarse, con dificultades, a través de los portales de las instituciones gremiales venezolanas.

5.3. El Informe Médico Forense: Estructura, Autenticidad y Protocolo de Estambul

5.3.1. Contenido Mínimo Obligatorio

El reconocimiento médico forense del CICPC debe contener como mínimo:

> Identificación del experto: nombre, especialidad, número de placa CICPC y cargo dentro del Departamento de Ciencias Forenses.

Identificación del reconocido: nombre, cédula, edad y carácter procesal (víctima, imputado, testigo).

Motivo del reconocimiento: la actuación procesal que origina el examen.

Descripción clínica de hallazgos: localización anatómica precisa, características, antigüedad estimada y mecanismo posible de producción.

Diagnóstico médico-legal: conclusión pericial con implicación legal (lesiones leves, graves, maltrato crónico, signos de tortura).

Pronóstico de curación y posibles secuelas.

Firma del experto y sello de la dependencia.

5.3.2. El Protocolo de Estambul como Estándar Internacional

Para los casos de asilo donde el solicitante alega tortura por agentes del Estado venezolano, el Protocolo de Estambul, el Manual de la ONU para la Investigación y Documentación Eficaces de la Tortura, es el estándar internacional de referencia.[15] Establece que la documentación médica debe incluir: historial detallado de la tortura (tipos, frecuencia, duración, instrumentos), examen físico completo

[15] Oficina del Alto Comisionado de las Naciones Unidas para los Derechos Humanos, Protocolo de Estambul: Manual para la Investigación y Documentación Eficaces de la Tortura y Otros Tratos o Penas Crueles, Inhumanos o Degradantes, HR/P/PT/8/Rev.2 (2022).

con hallazgos consistentes o inconsistentes con la narrativa, evaluación psicológica para identificar secuelas de estrés postraumático, y conclusión pericial sobre el grado de consistencia entre la narrativa y los hallazgos clínicos.

La relevancia práctica para el expediente migratorio es directa: cuando el solicitante presenta un informe médico venezolano que documenta lesiones relacionadas con tortura, el abogado puede (y debe) complementarlo con una evaluación bajo el Protocolo de Estambul realizada en Estados Unidos por un médico o psicólogo habilitado. Esta evaluación independiente es frecuentemente admitida y valorada positivamente por los jueces de inmigración.

> *DATO OPERATIVO: Physicians for Human Rights (PHR) y el Program for Torture Victims (PTV) llevan a cabo evaluaciones forenses bajo el Protocolo de Estambul para solicitantes de asilo en Estados Unidos. Sus informes han sido admitidos como evidencia experta en múltiples cortes de inmigración.*

5.4. El Informe Psicológico: Clínico vs. Forense

5.4.1. Una Distinción Crítica para el Expediente

Informe psicológico clínico: Producido por un psicólogo con relación terapéutica con el paciente. Refleja el estado del paciente desde la perspectiva del profesional que lo trata. Tiene relevancia como evidencia de la condición actual del solicitante, pero no puede ser leído como evaluación pericial independiente.

Informe psicológico forense: Producido por un psicólogo con formación forense específica, que evalúa al sujeto de manera independiente con el propósito de producir opinión pericial para el sistema legal. En Venezuela, los psicólogos forenses del CICPC tienen esta función. Tiene mayor peso persuasivo ante un juez de inmigración porque establece explícitamente la consistencia entre síntomas documentados y patrón de trauma asociado con la persecución alegada.

Los jueces de inmigración son examinadores entrenados en credibilidad. Un informe clínico que describe ansiedad o depresión sin vincularlos específicamente con los eventos alegados tiene menor poder persuasivo que un informe forense que establece la consistencia entre los síntomas y el patrón de trauma. Esta distinción tiene consecuencias directas en el resultado del caso.

5.4.2. Elementos de Autenticidad del Informe Psicológico Venezolano

Identificación del psicólogo: nombre, número de inscripción en el Colegio de Psicólogos de Venezuela, institución.

Metodología: técnicas utilizadas (MMPI-2, Beck, CAPS-5 para PTSD, entrevista estructurada u otras).

Historia clínica relevante del evaluado.

Resultados con referencia a criterios diagnósticos del DSM-5 o CIE-11.

Diagnóstico psicológico cuando aplique.

Recomendaciones terapéuticas, fecha, firma y sello.

5.5. La Paradoja Central: El CICPC como Perpetrador Documentado

Aquí reside la tensión más difícil del análisis: el principal productor de documentación médico-forense en Venezuela ha sido identificado por múltiples organismos internacionales como uno de los principales perpetradores de las violaciones que esa documentación debería registrar.

La Misión Internacional Independiente de Determinación de los Hechos sobre Venezuela de la ONU (FFM), en su informe de septiembre de 2020, vinculó directamente al director del CICPC con violaciones de derechos humanos cometidas bajo su supervisión, y caracterizó al CICPC como institución que comete violaciones sistemáticas, incluyendo ejecuciones extrajudiciales, torturas y detenciones arbitrarias. La FFM reiteró sus conclusiones en septiembre de 2024, señalando que los actos cometidos antes y después de las elecciones presidenciales del 28 de julio de 2024 constituyen crímenes de lesa humanidad.[16]

El Informe sobre Derechos Humanos de Venezuela del Departamento de Estado de EE.UU. de 2024 documenta que la impunidad rodea a la tortura en Venezuela: la Fiscalía raramente investiga seriamente estas denuncias, y los responsables (incluyendo médicos forenses y autoridades carcelarias que encubren los hechos) no rinden cuentas. Según el Informe del Departamento de Estado, Venezuela alcanzó en 2024 un nuevo hito en la degradación del Estado de derecho, de acuerdo con la Misión de la ONU.

Un informe de la Red Global Venezuela publicado en julio de 2025 señala que la tortura se aplica de forma sistemática como herramienta de represión y castigo en Venezuela: la Fiscalía rara vez investiga seriamente estas denuncias, y los responsables, incluyendo médicos forenses y autoridades carcelarias que encubren los hechos, no rinden cuentas, lo que perpetúa la práctica. Los informes internacionales subrayan que la tortura y

[16] Misión Internacional Independiente de Determinación de los Hechos sobre Venezuela, supra nota 12. Véase también U.S. Department of State, "2024 Country Reports on Human Rights Practices: Venezuela," state.gov (documentando la impunidad que rodea a la tortura cometida por el CICPC y otros cuerpos de seguridad venezolanos).

los tratos crueles se enmarcan en una política deliberada de Estado para quebrar la disidencia.

IMPLICACIÓN DIRECTA: En un sistema donde los médicos forenses que encubren torturas no rinden cuentas y el Estado de derecho ha sido documentado como inexistente, un solicitante venezolano genuinamente perseguido no puede ser requerido a producir documentación del mismo Estado que lo persiguió como condición de credibilidad. Este principio tiene sustento en el corpus del derecho internacional de los refugiados y en la jurisprudencia del BIA.

5.6. Indicadores de Fraude en Documentos Médico-Forenses Venezolanos

1. Numeración de experticia inconsistente: El formato del número de experticia codifica información verificable (estado, dependencia, tipo, año). Una numeración que no corresponde al formato conocido para la dependencia y el período declarado es un indicador de alerta inmediato.

2. Médico forense inexistente o sin placa verificable: Los médicos forenses del CICPC son funcionarios con nombramiento formal. Si el nombre no puede ser asociado con la dependencia declarada para el período indicado, es señal de alerta.

3. Diagnóstico sin descripción clínica: Un informe que concluye con diagnóstico de tortura o lesiones graves sin descripción clínica detallada no sigue el protocolo del CICPC. La descripción clínica es la columna vertebral del informe pericial.

4. Inconsistencia entre narrativa y hallazgos: Las lesiones descritas deben ser consistentes con el mecanismo alegado. Lesiones en zonas anatómicas inconsistentes con el relato de la agresión sugieren fabricación.

5. Fechas inconsistentes con la cronología: La fecha del reconocimiento debe ser posterior al evento que originó las lesiones y dentro de un plazo razonable desde ese evento.

6. Sello genérico o ausente: El informe debe llevar el sello oficial de la dependencia específica del CICPC, con identificación del estado y la ciudad. Un sello genérico o ausente es sospechoso.

Capítulo 6: Documentos Notariales, Civiles y Políticos

El Marco Penal del Fraude Documental en Venezuela y la Paradoja de su Inaplicación

6.1. Introducción: Los Documentos que Construyen el Contexto

Si los documentos de identidad establecen quién es el solicitante, y los documentos judiciales y médicos documentan la persecución, los documentos notariales, civiles y políticos construyen el contexto: qué lugar ocupaba esta persona en la sociedad venezolana, qué vínculos políticos la hacen vulnerable, qué patrimonio tenía y qué le fue quitado. Son los documentos que llenan la narrativa de carne y hueso.

Este capítulo analiza esa categoría documental y la conecta con el marco penal venezolano del fraude documental (desde el Código Penal hasta la Ley Especial contra los Delitos Informáticos) contrastando la robustez normativa con la realidad documentada de su inaplicación sistemática. Esta contradicción es, en sí misma, una de las evidencias más poderosas disponibles para el abogado de inmigración.

6.2. El Sistema Notarial y Registral Venezolano

6.2.1. Notarías Públicas: Función y Verificación

Las Notarías Públicas son instituciones del Estado con competencia para autenticar actos jurídicos: poderes notariales (generales y especiales), actas de presencia, declaraciones juradas, documentos privados con reconocimiento de firma, contratos y convenios. La distinción fundamental con el registro público es que la notaría da fe de la existencia del documento y la identidad de los firmantes, pero no de su contenido ni de sus efectos frente a terceros.

Cada notaría mantiene un libro cronológico de autenticaciones donde quedan registradas todas las actuaciones. Este libro es el mecanismo de control para verificar la autenticidad de un documento notarial: el número de autenticación que aparece en el documento debe corresponder a la entrada en el libro. Si el número no existe en el libro o corresponde a un documento diferente, el documento es fraudulento. El problema operativo es que acceder a esos libros desde el exterior del país es extremadamente difícil dado el colapso de la infraestructura institucional venezolana.

6.2.2. Registros Subalternos: La Protocolización

Los Registros Subalternos (denominados Registros Públicos desde 2011) son responsables de la protocolización de documentos que requieren efectos frente a terceros: compraventa de bienes inmuebles, hipotecas, venta de vehículos, y creación de sociedades mercantiles. Los documentos protocolizados tienen fecha cierta y pueden ser consultados por cualquier persona con interés legítimo.

El sistema de registro opera mediante libros organizados por trimestre y año, con numeración que asigna a cada documento un tomo, folio y número de inscripción. Un documento que declara haber sido protocolizado en una fecha y registro específico, pero con tomo y folio que no corresponden al período declarado, es fraudulento. Este tipo de inconsistencia es detectada por quien conoce el sistema venezolano; es invisible para quien no lo conoce.

6.2.3. El Colapso y sus Implicaciones

Al igual que otras instituciones venezolanas, el sistema notarial y registral sufre deterioro significativo: notarías con personal mínimo, sistemas de archivo en papel por falla de los sistemas digitales, retrasos de años en la inscripción de documentos. Para el profesional legal, esto implica que la imposibilidad de verificar un documento notarial venezolano mediante consulta directa no es automáticamente un indicador de fraude. Puede ser simplemente el estado de los archivos de la notaría.

6.3. Documentos de Partidos Políticos y Organizaciones Civiles

6.3.1. Su Rol Central en los Casos de Asilo Político

En un caso de asilo venezolano por persecución política, los documentos de partidos y organizaciones civiles son frecuentemente la evidencia más directa del nexo entre el perfil del solicitante y la persecución que alega. La Convención de 1951 requiere que la persecución esté vinculada a raza, religión, nacionalidad, grupo social u opinión política, y los documentos partidistas son evidencia directa de ese nexo.

Un carné de afiliación a Voluntad Popular, una carta de la dirección regional de Primero Justicia certificando la militancia, o un documento de un sindicato identificando al solicitante como líder gremial (verificados como auténticos) son evidencia directa del nexo de persecución requerido. Son también, por esa misma razón, documentos altamente susceptibles de fabricación.

6.3.2. Elementos de Autenticidad

Membrete oficial: debe reproducir correctamente el nombre del partido, logo, y datos de contacto de la sede regional emisora.

Firma de autoridad competente: la carta debe ser firmada por un dirigente con cargo orgánico verificable. Para Voluntad Popular, Primero Justicia, AD, UNT y otros partidos de oposición, existen listas de dirigentes regionales consultables a través de los medios digitales del partido.

Número de carnet de militante: cuando aparece, puede verificarse directamente con la organización.

Fecha y lugar consistentes con la narrativa y el período de existencia del partido en esa región.

6.3.3. Los Partidos en el Exilio: Oportunidad y Riesgo

Una particularidad venezolana sin paralelo en la mayoría de los países de origen de asilados es que muchos partidos cuya documentación aparece en expedientes migratorios tienen su liderazgo en el exilio. Voluntad Popular, Primero Justicia, Vente Venezuela y otros tienen parte de su dirección nacional dispersa entre Venezuela y el exterior desde 2017.

Esto crea una oportunidad de verificación: para estos partidos, es posible contactar representantes en el exilio para verificar documentos específicos o la pertenencia de un solicitante a la organización. Es también una oportunidad para el fraude: fabricar una carta de un partido cuya dirección está en el exilio es más difícil de verificar para el sistema migratorio estadounidense, y las redes fraudulentas lo saben.

6.4. El Marco Penal del Fraude Documental: Las Leyes que Existen Pero No Se Aplican

6.4.1. Tipificación Completa en el Código Penal

Venezuela cuenta con una de las tipificaciones más completas del fraude documental en América Latina. El Título V del Libro Segundo del Código Penal venezolano, denominado "De los delitos contra la fe pública", contiene los tipos penales específicos:[17]

Artículo 319, Falsificación de documento público: Penas de seis a doce años de prisión para quien falsifique, en todo o en parte, un documento público o auténtico, o altere un documento verdadero usando artificios para hacerlo aparecer diferente del original.

Artículo 320, Falsificación de documentos de identidad: Pena de seis a doce años de prisión, con circunstancias agravantes cuando el documento falsificado es un documento de identificación personal. Esta es la norma que tipifica específicamente la falsificación de cédulas de identidad y pasaportes analizados en el Capítulo 2.

---

[17] Código Penal de Venezuela, Gaceta Oficial N.º 5.494 Extraordinario del 20 de octubre de 2000, Libro Segundo, Título V ("De los Delitos Contra la Fe Pública"), arts. 319–328.

Artículo 321, Falsificación de documento privado: Prisión de uno a cuatro años, reflejando el menor impacto social respecto a los documentos públicos.

Artículo 322, Uso de documento falso: Quien use un documento falso (aunque no haya intervenido en la falsificación) recibe las mismas penas que el falsificador. El Tribunal Supremo de Justicia venezolano ha consolidado jurisprudencia estableciendo que los elementos del tipo son: existencia del documento falso, conocimiento de la falsedad por parte del usuario, y acto de uso. Para uso de documento público falso, la pena va de 18 meses a cinco años, no pudiendo ser menor de 30 meses si el acto merece fe hasta su impugnación. Esta jurisprudencia fue ratificada en la Sentencia No. 017 de la Sala de Casación Penal del TSJ del 17 de marzo de 2021.

Artículo 323, Prueba de hechos verdaderos con documento falso: Prisión de tres a doce meses para quien use un documento falso para probar hechos que son verdaderos. La pena es menor, pero el tipo penal subsiste.

Artículo 327, Documentos de viaje con identidad falsa: Prisión de quince días a tres meses para quien use licencias, pasaportes o permisos con nombre, apellido o calidad falsos.

Artículo 328, Agravante por funcionario público: Penas adicionales de tres a dieciocho meses cuando el delito es cometido por un funcionario público en ejercicio de sus funciones. Esta norma tipifica precisamente la forma más peligrosa de fraude documental venezolano: el registrador civil que inscribe datos falsos, el médico forense que certifica lesiones inexistentes, el fiscal que emite documentos sin causa real.

La Ley Especial contra los Delitos Informáticos (Gaceta Oficial N° 37.313, 2001) agrega al marco penal la falsificación de documentos digitales con prisión de tres a seis años (artículo correspondiente), la posesión de equipos de falsificación con penas similares, y el fraude informático con tres a siete años. Esta ley es particularmente relevante para el fraude moderno que utiliza impresión digital de alta calidad para replicar documentos venezolanos.

> *DATO TÉCNICO-LEGAL: La Ley Especial contra los Delitos Informáticos de Venezuela también tipifica la Posesión de Equipos para Falsificaciones con penas de tres a seis años y multa de 300 a 600 unidades tributarias para quien posea equipos de fabricación de tarjetas inteligentes o dispositivos para capturar o transmitir datos de documentos de identidad sin estar autorizado para ello. Esta norma cubre el equipo utilizado por redes de clonación de documentos.*

6.4.2. La Inaplicación Sistemática: El Testimonio de los Organismos Internacionales

La existencia de este marco penal robusto contrasta brutalmente con la realidad documentada. La explicación de esta contradicción es la inaplicación sistemática de las normas, con causas estructurales identificadas por múltiples organismos de la mayor credibilidad internacional:

Primera causa, Corrupción institucional sistémica: El Rule of Law Index 2024 del World Justice Project clasifica a Venezuela en el lugar 139 de 142 países en la dimensión de ausencia de corrupción.[18] El fraude documental no se persigue efectivamente porque los funcionarios que deberían perseguirlo son frecuentemente los mismos que participan en él.

Segunda causa, Colapso del sistema de justicia penal: El Informe sobre Derechos Humanos de Venezuela del Departamento de Estado de EE.UU. 2024 señala que la impunidad impregna el sistema de justicia venezolano para prácticamente todas las categorías de delito. Las investigaciones por fraude documental que no involucran víctimas políticas de alto perfil raramente prosperan más allá de la denuncia inicial.

Tercera causa, Instrumentalización del sistema penal: El Informe Mundial 2025 de Human Rights Watch señala que el Ministerio Público y el poder judicial han sido usados como instrumentos de represión política. Más de 2.000 personas fueron detenidas tras las elecciones del 28 de julio de 2024 por protestar o criticar al gobierno, acusadas de delitos como incitación al odio y

---

[18] World Justice Project, Rule of Law Index 2024, worldjusticeproject.org (ubicando a Venezuela en el puesto 142 de 142 países evaluados, el último lugar del índice general).

terrorismo con penas de hasta 30 años, mientras las redes de fraude documental operan con impunidad.

Cuarta causa, Ausencia de independencia judicial: Freedom House clasifica a Venezuela como Not Free con 9/100 puntos en su informe Freedom in the World 2025, señalando que el poder judicial opera bajo control del ejecutivo y que los jueces son designados con base en lealtad política. Un juez que persiga una red de fraude documental vinculada a funcionarios del partido de gobierno enfrenta riesgos profesionales y personales que no existirían en un sistema independiente.

Quinta causa, Criminalización del activismo cívico: El Informe Mundial 2026 de Human Rights Watch señala que entre agosto y noviembre de 2025, la Asamblea Nacional aprobó leyes que criminalizan con hasta 30 años de prisión a quienes hacen incidencia en favor de sanciones contra Venezuela. En julio de 2025, la Asamblea Nacional declaró persona non grata al Alto Comisionado de la ONU para los Derechos Humanos. El sistema legal venezolano está siendo activamente reorientado hacia la persecución de la disidencia, no hacia el combate de la corrupción.

> *La OACNUDH denunció retrasos del gobierno venezolano en la investigacion y el enjuiciamiento de asesinatos, incluyendo muertes relacionadas con protestas de 2014, 2017 y 2019. El Ministerio Público y la Defensoría del Pueblo han sido cómplices de graves*

> *violaciones de derechos humanos., Human Rights Watch, Informe Mundial 2026, Venezuela.*
>
> *Desde las elecciones de julio de 2024, más de 2.000 personas han sido detenidas por protestar, criticar al gobierno o apoyar a la oposición. Cientos han sido acusados de delitos definidos de manera amplia como incitación al odio, resistencia a la autoridad y terrorismo, que conllevan penas de hasta 30 años de cárcel. Human Rights Watch, Informe Mundial 2025, Venezuela.*

6.4.3. La Conclusión que el Abogado Debe Articular

La combinación de estos cinco factores produce una conclusión que el abogado de inmigración debe poder articular con claridad ante el juez: el hecho de que en Venezuela existan leyes que tipifican el fraude documental con penas de hasta doce años no prueba que esas leyes se apliquen; y el hecho de que Venezuela sea un país donde el Estado de derecho ha sido documentado como inexistente por el World Justice Project (lugar 139/142), Freedom House (9/100), el Departamento de Estado de EE.UU., Human Rights Watch y la Misión de la ONU, no solo explica por qué el fraude documental prolifera, sino también por qué un solicitante genuinamente perseguido por el Estado venezolano no puede acudir a ese mismo Estado para que le certifique su persecución.

ARGUMENTO PARA LA CORTE: Un juez de inmigración que exige a un solicitante venezolano documentación oficial venezolana como condición de credibilidad, sin considerar el contexto del colapso del Estado de derecho documentado por los organismos más confiables del mundo, aplica un estándar que ignora la realidad institucional del país de origen. Este argumento no es una estrategia defensiva: es la aplicación correcta del estándar legal que rige los casos de asilo, que reconoce que cuando el Estado es el persecutor, no puede ser simultáneamente el garante de la documentación que acredita esa persecución.

6.5. Documentos Educativos y Estudiantiles: Un Nuevo Frente de Verificación

Venezuela fue, hasta hace apenas década y media, un caso atípico en el mundo en materia de acceso a la educación superior. Según cifras de la UNESCO correspondientes a 2009, la tasa bruta de matriculación universitaria del país alcanzó entre 79,5% y 83%, la más alta de América Latina y el quinto lugar a nivel mundial,[19] superando a Estados Unidos, Francia, España, Italia y Japón. El promedio de la

---

[19] Instituto de Estadística de la UNESCO, datos de mayo de 2009 (ubicando a Venezuela en el quinto lugar mundial y segundo lugar en América Latina, con una tasa bruta de matriculación universitaria del 83%).

región latinoamericana en ese mismo período era de apenas 34%. Dicho de otra forma: mientras que en la mayoría de los países del mundo ir a la universidad después del bachillerato (el equivalente venezolano al high school estadounidense) es la excepción, en Venezuela era la norma. Nueve de cada diez bachilleres venezolanos ingresaban a la educación superior.

Ese fenómeno no ocurrió en el vacío. El número de universidades en el país pasó de apenas 5 en 1958 (con 22.000 estudiantes inscritos, el 0,3% de la población) a cerca de 40 en el año 2000 (800.000 estudiantes, el 3,5% de la población), y el Ministerio del Poder Popular para la Educación Universitaria reconoce hoy 178 instituciones de educación superior legalmente autorizadas para funcionar en el país, entre universidades e institutos. Este crecimiento acompañó una tendencia mundial: el número de universidades en el planeta pasó de menos de 5.000 a comienzos de los años 2000 a aproximadamente 50.000 en la actualidad, y la matrícula universitaria mundial se duplicó en dos décadas hasta alcanzar 264 millones de estudiantes.

EL COLAPSO EN NÚMEROS: Según el informe mundial de la UNESCO sobre educación superior citado por el Observatorio de Universidades (OBU) en mayo de 2026, la tasa bruta de matrícula universitaria de Venezuela para la población de 18 a 24 años se desplomó a aproximadamente 17%. Es una caída de más de 60 puntos porcentuales en 15 años: el país pasó de ser el quinto en el mundo a ubicarse muy por debajo del promedio actual de América Latina y el Caribe

(53% en 2023). Esa caída, en gran medida, es la misma historia que el resto de este libro documenta para otras instituciones: colapso presupuestario, éxodo de profesores y profesionales, y un sistema que sigue produciendo documentos aunque ya no pueda sostener lo que esos documentos certifican.

Los documentos y sus retos de verificación

Los documentos educativos venezolanos relevantes para un caso migratorio incluyen el título universitario (el diploma formal), las notas certificadas o record de calificaciones, la constancia de estudios (que certifica inscripción activa sin acreditar culminación), el acta de grado, y las constancias de conducta emitidas por planteles de educación media. Al igual que con los documentos de estado civil analizados en el Capítulo 3, estos documentos combinan dos problemas simultáneos: por un lado, el crecimiento acelerado del número de instituciones (muchas nuevas, algunas de existencia y acreditación difíciles de verificar) genera un terreno fértil para la falsificación; por otro, el deterioro de las instituciones más antiguas y consolidadas genera inconsistencias legítimas que no deben confundirse con fraude.

UNA EXCEPCIÓN IMPORTANTE EN ESTE LIBRO: A diferencia de casi todos los demás documentos analizados en esta obra, el título universitario venezolano sí cuenta con un ecosistema de verificación relativamente estandarizado dentro de Estados Unidos. World Education Services (WES), fundada en 1974 y miembro fundador de la National Association of Credential Evaluation Services (NACES), evalúa credenciales académicas de más de 59.000 instituciones en 203 países y es reconocida directamente por USCIS para propósitos migratorios. Un abogado de inmigración que reciba un título universitario venezolano puede, y generalmente debe, remitirlo a un evaluador acreditado por NACES antes de introducirlo como evidencia. Esa opción, sin embargo, no existe para el resto de los documentos que se abordan en este capítulo.

6.6. Constancias de Trabajo: El Punto Ciego de la Verificación

Si el título universitario tiene, al menos, una vía de verificación estandarizada, la constancia de trabajo no tiene ninguna. Estos documentos son emitidos normalmente por el departamento de recursos humanos de una empresa, aunque en organizaciones más pequeñas o en cargos de mayor jerarquía suelen estar firmados directamente por un gerente, director o el propio representante legal de la compañía. No existe en Venezuela, como tampoco existe en Estados Unidos para documentos extranjeros, una institución equivalente a WES para constancias laborales.

La corroboración de una constancia de trabajo depende, en la práctica, de evidencia indirecta: comprobantes de pago (recibos de nómina), vouchers de transferencias bancarias, estados de cuenta que reflejen depósitos recurrentes de la misma fuente, o constancias de cotización al Instituto Venezolano de los Seguros Sociales (IVSS). Ninguno de estos elementos es sencillo de autenticar para una agencia pública o un juez de inmigración: los comprobantes bancarios venezolanos combinan los mismos problemas de falsificación digital descritos en el Anexo B, y verificar directamente con una empresa privada venezolana desde Estados Unidos, sin cooperación consular, es extremadamente difícil en la práctica.

EL ARGUMENTO CENTRAL DE ESTE LIBRO, APLICADO AQUÍ: Esta es precisamente la clase de documento donde un experto con conocimiento institucional del sistema venezolano, y con la metodología forense correcta, aporta un valor que ninguna base de datos puede replicar. Verificar una constancia de trabajo venezolana no es un ejercicio de comparación automatizada: requiere entender cómo opera Recursos Humanos en el tipo específico de organización de la que proviene el documento, qué patrones de pago son consistentes con esa industria, y qué inconsistencias delatan una fabricación.

6.7. Cartas de Trabajo de Funcionarios del Estado: PDVSA, Educación y las Fuerzas del Orden

Un hecho estructural del mercado laboral venezolano, con consecuencias directas para la práctica migratoria, es que la abrumadora mayoría de los solicitantes de asilo con historial laboral formal fueron empleados del Estado. Petróleos de Venezuela (PDVSA) y el Ministerio del Poder Popular para la Educación son, en la experiencia directa del autor, las dos fuentes más frecuentes de constancias de trabajo en expedientes de asilo venezolanos: la primera por ser durante décadas el mayor empleador formal del país, y la segunda por la enorme cantidad de docentes, personal administrativo y de mantenimiento que dependen del sistema educativo público.

A esto se suma una categoría particularmente sensible: las cartas de trabajo de funcionarios de la Fuerza Armada Nacional Bolivariana (FANB) y de funcionarios que ejercieron labores policiales dentro de los distintos cuerpos de seguridad venezolanos. Estos casos presentan una paradoja que el abogado debe saber explicar: el documento que acredita el empleo del solicitante proviene precisamente de la institución de la cual, en muchos casos, el solicitante ahora huye o teme represalias. Un oficial de tropa, un funcionario policial de menor rango, o un efectivo de un componente regional que se negó a participar en la represión de una protesta, no deja de haber trabajado para el Estado por ese hecho; su carta de trabajo sigue siendo legítima, y su valor probatorio para establecer identidad, rango y trayectoria puede ser, en realidad, evidencia corroborante de la propia persecución alegada.

- **Jerarquía y unidad de adscripción:** El escalafón y la unidad, comando o dependencia específica deben ser consistentes con la estructura jerárquica real de la institución señalada, verificable por un experto con conocimiento del sistema.
- **Autoridad emisora correcta:** El sello y la firma deben corresponder al despacho de personal o recursos humanos competente para emitir ese tipo de constancia, no a cualquier oficina administrativa genérica.
- **Coherencia con el resto del expediente:** Una carta de trabajo aislada, sin ningún otro documento de respaldo (recibos de pago, carnet institucional, uniforme documentado en fotografías, u otros elementos), es más vulnerable a objeciones de autenticidad y se beneficia enormemente de análisis experto adicional.

PRECAUCIÓN PARA EL ABOGADO: Dada la sensibilidad de estos documentos, tanto por su valor probatorio como por el riesgo que representa para terceros en Venezuela confirmar la identidad del solicitante, cualquier verificación directa con la institución empleadora debe evaluarse con extremo cuidado y, en la mayoría de los casos, evitarse por completo.

> *La corroboración experta basada en el análisis del documento mismo, sin contacto directo con fuentes en Venezuela, es preferible en estos casos.*

6.8. Llamado a la Acción: Documentos Fidedignos, Decisiones Más Justas

Cada capítulo de esta primera parte ha señalado, con distintos documentos, el mismo problema estructural: el sistema venezolano dejó de poder garantizar por sí mismo la confiabilidad de lo que emite, y el sistema estadounidense, salvo excepciones puntuales como la evaluación de credenciales académicas, no cuenta con las herramientas para llenar ese vacío desde adentro.

El Latino Institute for Security Efficiency (LISE LLC) existe para ocupar precisamente ese espacio. No como sustituto del abogado, del juez o del fiscal, sino como el eslabón técnico que hoy falta: la verificación experta, metodológicamente rigurosa, de los documentos y la evidencia que ya están llegando a los expedientes migratorios, sea que se trate de un título universitario, una constancia de trabajo, una denuncia penal, o un acta de nacimiento.

La propuesta es sencilla y, creemos, beneficia a todas las partes del sistema por igual: cuando un experto autentica un documento antes de que llegue a la corte, o cuando identifica correctamente uno que no debería haberse presentado, el resultado no es solamente un caso individual mejor evaluado. Es un sistema completo que trabaja con menos fricción. Un juez o un fiscal que recibe un expediente con evidencia ya verificada por un experto calificado necesita invertir menos tiempo en dudar, menos recursos en investigar desde cero, y puede concentrar su atención en el mérito real del caso. Documentos más fidedignos no solo protegen al solicitante genuino: liberan al sistema de parte de la carga que hoy consume sus recursos más escasos.

> *LISE LLC está formalmente registrada como contratista federal ante el sistema SAM.gov (System for Award Management) de los Estados Unidos, con código CAGE (Commercial and Government Entity) 157Z2. Esta no es una formalidad menor: significa que la empresa cumple con los requisitos administrativos, de elegibilidad y de cumplimiento normativo necesarios para prestar servicios directamente a agencias del orden público y del sistema de justicia estadounidense, no únicamente a bufetes privados. El fundador de LISE, Rolnar Sanabria, completó ese registro de manera proactiva, específicamente para que la empresa pudiera someterse a todos los filtros de contratación federal y estar disponible para el sistema que este libro busca fortalecer.*

Una metodología, no solo una promesa

Esta propuesta no queda en el plano de la intención. El autor desarrolló y publicó formalmente, en la serie de working papers de

LISE (SSRN, junio de 2026), un marco de siete pasos de debida diligencia documental, construido sobre la metodología fiscal directa descrita a lo largo de este libro. El marco fue diseñado específicamente para cumplir con el estándar que la directiva del DHS del 26 de mayo de 2026 exige a los profesionales del sistema migratorio.

Figura 6.1 — Marco de Siete Pasos de Debida Diligencia Documental

Paso	Contenido
1. Identificación institucional	Determinar qué institución venezolana emitió el documento y verificar que tenga competencia legal para ese tipo específico de documento.
2. Autenticación de formato	Comparar el formato del documento contra los formatos auténticos de esa institución para el año declarado de emisión.
3. Análisis de lenguaje y terminología	Analizar el lenguaje legal, la terminología institucional y los patrones de redacción, identificando fórmulas genéricas o incorrectas.
4. Consistencia secuencial	Verificar que los números de causa, expediente, folio o registro sean consistentes con los patrones de numeración institucional conocidos.

5. Verificación de personal	Cotejar nombres de funcionarios, números de matrícula del M.P.P.S. para médicos, y licencias de psicólogos contra fuentes primarias.
6. Cruce con redes criminales conocidas	Verificar la identidad del sujeto contra indicadores de redes criminales conocidas, incluyendo el Tren de Aragua, FAES, SEBIN y redes vinculadas a la DGCIM.
7. Revisión de consistencia interna	Evaluar si la totalidad de los documentos presenta una narrativa coherente. Las inconsistencias entre categorías de documentos son, con frecuencia, el indicador más confiable de falsificación.

Figura 6.1. Marco de siete pasos publicado en Sanabria Bernatte, R.A. (2026), "Document Authentication Gaps in Venezuelan Asylum Proceedings", LISE Working Paper Series, SSRN.

La aplicación de este marco produce un Memorando de Debida Diligencia firmado para cada caso, admisible bajo 28 U.S.C. § 1746 como declaración no jurada bajo pena de perjurio.

Reconocimiento institucional

En marzo de 2025, el autor viajó a Washington, D.C. por iniciativa propia y entregó informes de análisis de inteligencia al personal legislativo del senador Markwayne Mullin (Oklahoma), del senador

James Lankford (Oklahoma), y del Comité Judicial del Senado de los Estados Unidos. En abril de 2025, el autor recibió correspondencia oficial de la División Criminal del Departamento de Justicia, orientando a LISE hacia los canales formales de contratación federal.

> *El texto completo de esta metodología, con su fundamentación legal detallada y el análisis institucional que la sustenta, está disponible como working paper académico: Sanabria Bernatte, R.A. (2026). "Document Authentication Gaps in Venezuelan Asylum Proceedings: Institutional Analysis and Due Diligence Standards Under the DHS Directive of May 26, 2026." LISE Working Paper Series. ORCID: 0009-0004-0320-4735.*

6.9. Síntesis: El Mapa Completo de la Evidencia Documental Venezolana

Al término de los seis capítulos de la Parte I de este libro, el profesional legal tiene un mapa completo de la evidencia documental venezolana: sus orígenes institucionales, sus elementos de autenticidad, sus vulnerabilidades al fraude, y el contexto del colapso institucional que explica tanto las anomalías en los documentos auténticos como la proliferación de los fraudulentos.

La conclusión más importante de esta primera parte es también la más contundente: ningún documento venezolano puede ser evaluado en forma aislada, sin conocimiento del sistema que lo produjo, sin comprensión del período histórico en que fue emitido, y sin consideración del contexto institucional que determina lo que ese documento puede y no puede probar. Un expediente bien construido no es una colección de documentos: es una narrativa coherente donde cada pieza refuerza a las demás, donde las inconsistencias menores son explicadas por el contexto institucional, y donde la ausencia de ciertos documentos es argumentada como evidencia en sí misma: evidencia de persecución, de colapso institucional, o de la imposibilidad de obtener documentación de un Estado que es el perpetrador de la persecución que se alega.

> *TRANSICIÓN A LA PARTE II: La Parte II de este libro, escrita por el Abogado Alexander J. Alfano con su experiencia de 30+ años ante el EOIR y el BIA, aborda la pregunta que naturalmente sigue: una vez que el profesional comprende qué tiene en sus manos, ¿cómo lo presenta correctamente ante la corte? ¿Qué dicen las Federal Rules of Evidence sobre la autenticación de documentos extranjeros? ¿Qué papel juega el testigo experto? ¿Cómo se anticipa y responde a las objeciones del gobierno? Las respuestas están en los Capítulos 7 y 8.*

PARTE II

PRESENTACIÓN ANTE LA CORTE DE INMIGRACIÓN

Federal Rules of Evidence, Estrategia y Práctica

Alexander J. Alfano, J.D.

Capítulo 7: Evidencia, Autenticación y Procedimiento

Documentos Venezolanos en el Sistema de Asilo Estadounidense

7.1. Introducción

Pocos problemas probatorios en la práctica estadounidense contemporánea son tan agudos como la autenticación de documentos emitidos por un Estado cuyas instituciones han dejado de funcionar de manera confiable. Para el solicitante de asilo venezolano, la partida de nacimiento, el parte policial, el registro médico y el carnet de afiliación partidista son, simultáneamente, indispensables y sospechosos: indispensables porque la ley exige cada vez más corroboración documental, y sospechosos porque el Estado emisor no mantiene relación consular con Estados Unidos y preside registros plagados de disfunción. Este capítulo sitúa ese problema dentro de tres marcos legales que se superponen: las Reglas Federales de Evidencia (Federal Rules of Evidence), la Ley de Inmigración y Nacionalidad (INA) y sus reglamentos de implementación, y las reglas procesales —en rápida evolución— que rigen la Oficina Ejecutiva de Revisión de Inmigración (EOIR). Este capítulo sostiene que los desarrollos recientes han transformado la práctica documental de una disciplina auxiliar al campo de batalla decisivo del caso de asilo.

7.2. Las Reglas Federales de Evidencia como Marco Interpretativo

Las cortes de inmigración no están formalmente obligadas por las Reglas Federales de Evidencia; el criterio que rige es si la evidencia es probatoria y si su admisión es fundamentalmente justa.[20] Sin embargo, las Reglas siguen siendo la lingua franca de la autenticación, y los jueces de inmigración y la Junta de Apelaciones de Inmigración (BIA) recurren rutinariamente a su arquitectura. La Regla 901(a) establece el principio fundacional: quien propone la evidencia debe producir prueba "suficiente para sustentar una determinación de que el elemento es lo que la parte proponente afirma que es."[21] El umbral es deliberadamente modesto — una demostración prima facie, no una prueba concluyente — y puede satisfacerse mediante testimonio de

---

[20] Fed. R. Evid. 1101(a); véase Matter of Wadud, 19 I&N Dec. 182, 188 (BIA 1984) (las Reglas Federales de Evidencia no vinculan los procedimientos de inmigración, donde el criterio es si la evidencia es probatoria y su admisión fundamentalmente justa).

[21] Fed. R. Evid. 901(a); véase también Fed. R. Evid. 901(b)(1)–(10) (ilustraciones no exhaustivas, incluido el testimonio de un testigo con conocimiento, la comparación por un experto, y las características distintivas).

testigos, comparación con ejemplares autenticados, o las características distintivas del documento mismo.

La Regla 902 provee categorías de documentos autoautenticables, dos de las cuales importan para los registros extranjeros: la Regla 902(3), que rige los documentos públicos extranjeros que llevan las certificaciones apropiadas, y la Regla 902(4), que rige las copias certificadas de registros públicos.[22] Las Reglas 1001 a 1008, conocidas como las reglas de la mejor evidencia (best evidence rules), completan el marco. La Regla 1002 exige el original para probar el contenido de un escrito; la Regla 1003 admite duplicados en ausencia de una duda genuina sobre la autenticidad del original; y la Regla 1004 exime de la producción cuando los originales están perdidos, destruidos o no pueden obtenerse por ningún proceso judicial disponible.[23] La Regla 1004 tiene un peso particular en el contexto venezolano: cuando los registros originales del registro civil están fuera del alcance de cualquier proceso que el solicitante pueda invocar, la evidencia secundaria —copias, fotografías y testimonio sobre el contenido— se vuelve admisible como cuestión de doctrina, no de indulgencia.

---

[22] Fed. R. Evid. 902(3) (documentos públicos extranjeros); Fed. R. Evid. 902(4) (copias certificadas de registros públicos).

[23] Fed. R. Evid. 1001–1008. La Regla 1002 establece el requisito del original; las Reglas 1003 y 1004 rigen los duplicados y las excusas para la no producción; la Regla 1008 asigna funciones entre la corte y el jurado.

7.3. La Arquitectura Estatutaria: INA § 208 y 8 C.F.R. Parte 1003

El derecho sustantivo a solicitar asilo deriva de la INA § 208, codificada en 8 U.S.C. § 1158, que permite a cualquier extranjero físicamente presente en Estados Unidos solicitar asilo independientemente de su estatus, sujeto al plazo de un año para presentar la solicitud y a las causales de exclusión enumeradas.[24] El estatuto, según fue enmendado por la REAL ID Act de 2005, coloca la carga de la prueba directamente sobre el solicitante, autoriza a los adjudicadores a exigir evidencia corroborante "a menos que el solicitante no tenga la evidencia y no pueda razonablemente obtenerla", y dirige las determinaciones de credibilidad hacia la totalidad de las circunstancias, incluida la consistencia de las presentaciones documentales.[25] La contraparte procesal es el 8 C.F.R. Parte 1003, las reglas de práctica del EOIR, que rigen todo, desde la presentación y notificación de escritos hasta la conducción de las audiencias ante los jueces de inmigración y las apelaciones ante la BIA. Juntas, estas disposiciones constituyen un sistema en el que los documentos no son ornamentales: el estatuto invita a los

---

[24] INA § 208, 8 U.S.C. § 1158. El lector debe notar que el 8 U.S.C. § 1158 codifica la INA § 208; la cita "INA § 1158" en el uso común se refiere a esta misma disposición.

[25] 8 U.S.C. § 1158(b)(1)(B)(i)–(iii); véase también REAL ID Act of 2005, Pub. L. No. 109-13, div. B, § 101, 119 Stat. 302.

adjudicadores a exigirlos, y los reglamentos prescriben con precisión cómo deben presentarse.

7.4. Estándares y Cargas de la Prueba

Tres estándares graduados estructuran las solicitudes de protección. El estándar del temor fundado (well-founded fear) rige el asilo propiamente dicho: en INS v. Cardoza-Fonseca, la Corte Suprema sostuvo que un temor puede estar fundado incluso cuando la persecución es improbable, señalando que una probabilidad del diez por ciento de sufrir daño puede ser suficiente.[26] Por debajo de él se ubica el estándar de detección del temor creíble (credible fear) de la remoción expedita, definido como una "posibilidad significativa" de que el solicitante pudiera establecer elegibilidad para el asilo — diseñado como un umbral bajo para prevenir el retorno erróneo de refugiados.[27] Por encima se ubican los estándares de "más probable que no", que rigen la suspensión de la remoción (withholding of removal) y la protección bajo la Convención contra la Tortura. La carga de la persuasión recae en el solicitante en todo momento, pero su distribución es dinámica: el testimonio creíble por sí solo puede satisfacer la carga, aunque el adjudicador puede condicionar el éxito

---

[26] INS v. Cardoza-Fonseca, 480 U.S. 421, 431, 440 (1987).

[27] 8 U.S.C. § 1225(b)(1)(B)(v) (definiendo "temor creíble de persecución" como una "posibilidad significativa" de que el extranjero pudiera establecer elegibilidad para el asilo bajo el § 1158).

a la corroboración razonablemente disponible para el solicitante, lo cual, en la práctica, significa documentos.[28]

Figura 7.1 — Estándares Comparados de Prueba en Solicitudes de Protección

Estándar	Umbral aproximado
Temor creíble (8 U.S.C. § 1225(b)(1)(B)(v))	"Posibilidad significativa" de establecer elegibilidad
Temor fundado / asilo (INS v. Cardoza-Fonseca)	Puede bastar una probabilidad de hasta 10% de persecución
Preponderancia (estándar civil general)	Más probable que no (>50%)
Suspensión de la remoción (INA § 241(b)(3))	"Probabilidad clara" — más probable que no
Protección CAT (8 C.F.R. § 1208.16(c))	Más probable que no que ocurra la tortura

Figura 7.1. Estándares de prueba comparados entre las distintas solicitudes de protección, expresados como umbrales aproximados de probabilidad de daño futuro.

---

[28] 8 C.F.R. § 1208.13(a); 8 U.S.C. § 1158(b)(1)(B)(ii) (la corroboración puede exigirse a menos que el solicitante "no tenga la evidencia y no pueda razonablemente obtenerla").

7.5. La Regla General del § 287.6(a): El Custodio Legal y el "Delegado Autorizado"

Antes de examinar las dos vías específicas de autenticación —la apostilla y el proceso consular— conviene detenerse en la regla general que las precede. El 8 C.F.R. § 287.6(a) exige que un registro oficial se autentique mediante una copia certificada "por el funcionario que tenga la custodia legal del registro o por un delegado autorizado". La Junta de Apelaciones de Inmigración precisó el alcance de esa frase en Matter of Momplaisir, un caso designado como precedente el 24 de julio de 2026.[29]

En Momplaisir, el DHS ofreció como prueba de la extranjería del demandado un Formulario I-213 (Registro de Extranjero Deportable/Inadmisible) y un Formulario I-94 (Registro de Llegada/Salida), cada uno acompañado de un Formulario G-24 (Certificación de Documentos) firmado por el Gerente de Registros Distritales de USCIS. El juez de inmigración excluyó el Formulario I-213 porque el DHS no demostró que el firmante fuera el custodio legal del registro o su delegado autorizado, y terminó el procedimiento por falta de prueba clara y convincente de la extranjería. La Junta revocó.

---

[29] Matter of Momplaisir, 29 I&N Dec. 820 (BIA 2026) (designado como precedente mediante la Orden N.º 7030-2026 del Procurador General interino, del 24 de julio de 2026, conforme al 8 C.F.R. § 1003.1(g)(3)).

Sostuvo que la INA § 103, 8 U.S.C. § 1103, autoriza al Secretario del DHS a delegar en cualquier empleado del DHS el ejercicio de sus facultades sobre el control, dirección y supervisión de los archivos de USCIS, y que los reglamentos —el 8 C.F.R. §§ 2.1 y 106.5— confirman esa facultad de delegación.[30] El certificado, redactado en papel membretado oficial de USCIS, invocando expresamente la INA § 103 como fuente de la custodia legal del Secretario, y especificando que el firmante había sido investido de la autoridad para certificar los registros, fue suficiente para satisfacer el § 287.6(a) — sin necesidad de exhibir el memorando interno de delegación, aunque la Junta señaló que dicho memorando, presentado en apelación, era consistente con su conclusión.

La lección práctica para el abogado es doble. Primero, cuando el DHS ofrece sus propios registros contra el cliente —como suele ocurrir cuando hay antecedentes de reingreso o encuentros previos con inmigración— conviene examinar con cuidado el Formulario G-24, o certificación equivalente, que acompaña al I-213 o al I-94: la certificación debe invocar expresamente la fuente de la custodia legal

---

30 Matter of Momplaisir, 29 I&N Dec. 820, 821–822 (BIA 2026) (el Formulario G-24 firmado por el Gerente de Registros Distritales de USCIS, invocando la INA § 103 y sustentado en la autoridad delegada bajo el 8 C.F.R. §§ 2.1, 106.5, autenticó debidamente el Formulario I-213 y el Formulario I-94); véase también Espinoza v. INS, 45 F.3d 308, 310 (9th Cir. 1995) (un Formulario I-213 fue debidamente autenticado y admitido como prueba porque el formulario fue certificado por el director distrital del Servicio de Inmigración y Naturalización de Los Ángeles).

y la delegación de autoridad del firmante, no basta con enunciar su cargo. Si la certificación es genérica, existe una objeción legítima bajo el § 287.6(a), tal como lo reconoció, en primera instancia, el propio juez de inmigración en Momplaisir — antes de ser revocado. Segundo, y en sentido inverso, el mismo estándar de "custodio legal o delegado autorizado" es el que el abogado del solicitante venezolano puede invocar, por analogía, al construir la declaración jurada de un funcionario o excolega en Venezuela que certifique la emisión de un documento: cuanto más claramente la declaración vincule al declarante con la fuente de su conocimiento o custodia del registro, más se aproxima a la robustez que la Junta exigió en Momplaisir.

7.6. La Apostilla de La Haya y Sus Límites en el Caso Venezolano

Venezuela se adhirió al Convenio de La Haya sobre la Apostilla con vigencia desde 1999, y en principio sus documentos públicos pueden autenticarse mediante un único certificado de apostilla en lugar de la legalización en cadena.[31] Los reglamentos lo reconocen así: el 8 C.F.R. § 287.6(c) permite la autenticación por apostilla de registros

---

[31] Convenio de La Haya que Suprime la Exigencia de Legalización de los Documentos Públicos Extranjeros, 5 de octubre de 1961, 527 U.N.T.S. 189. Venezuela depositó su instrumento de adhesión en 1998, con entrada en vigor el 16 de marzo de 1999.

provenientes de países signatarios del Convenio.[32] La realidad práctica es radicalmente distinta. Las apostillas deben obtenerse de las autoridades venezolanas, principalmente del Ministerio del Poder Popular para Relaciones Exteriores, a través de sistemas de citas electrónicas marcados por demoras prolongadas, intermediarios informales y corrupción documentada. Los solicitantes que huyeron del gobierno cuyo sello ahora necesitan enfrentan una paradoja obvia y, en ocasiones, peligrosa. Además, una apostilla certifica únicamente el origen de una firma y un sello, nunca la veracidad del contenido de un documento; un documento genuinamente apostillado puede seguir siendo sustancialmente fraudulento, y los adjudicadores lo saben. El abogado debe, por tanto, tratar la apostilla como una hebra más de la autenticación — valiosa, pero ni necesaria ni suficiente.

7.7. Autenticación Consular y la Alternativa de la Declaración Jurada

La alternativa tradicional del procesamiento consular bajo el 8 C.F.R. § 287.6(b) está, en la práctica, extinta para Venezuela. Desde la ruptura de relaciones diplomáticas en 2019, ningún funcionario consular estadounidense opera en territorio venezolano para

[32] Véase 8 C.F.R. § 287.6(b) (autenticación de registros oficiales extranjeros en procedimientos del DHS); id. § 287.6(c) (los registros de países signatarios del Convenio de La Haya pueden autenticarse mediante apostilla).

certificar registros oficiales extranjeros.[33] La respuesta doctrinal decisiva es que el procedimiento reglamentario nunca fue exclusivo. En Vatyan v. Mukasey y en Matter of H-L-H- & Z-Y-Z-, las cortes y la Junta confirmaron que una parte puede establecer autenticidad a través de cualquier procedimiento reconocido, incluidos los métodos flexibles de la Regla 901.[34] Las declaraciones juradas cobran, por tanto, una importancia central: la declaración del receptor del documento explicando cómo fue obtenido; las declaraciones de familiares o excolegas en Venezuela que atestiguan su emisión; y el propio testimonio del solicitante conectando el documento con hechos pasados. Una declaración bien construida cumple una doble función: autentica el elemento probatorio mientras corrobora el reclamo.

Figura 7.2 — Vías de Autenticación para Documentos Venezolanos

---

[33] Estados Unidos suspendió las operaciones en la Embajada de Caracas en marzo de 2019 tras la ruptura de relaciones diplomáticas; desde entonces no ha habido servicios consulares estadounidenses disponibles dentro de Venezuela, y los servicios consulares venezolanos en Estados Unidos fueron igualmente restringidos.

[34] Véase Matter of H-L-H- & Z-Y-Z-, 25 I&N Dec. 209, 214 n.5 (BIA 2010) (los documentos pueden autenticarse "a través de cualquier procedimiento reconocido", incluidos los procedimientos de las Reglas Federales o del 8 C.F.R. § 287.6), rev'd por otros motivos sub nom. Hui Lin Huang v. Holder, 677 F.3d 130 (2d Cir. 2012); Vatyan v. Mukasey, 508 F.3d 1179, 1182–83 (9th Cir. 2007) (el § 287.6 no es el medio exclusivo de autenticación).

Vía de autenticación	Disponibilidad práctica / utilidad probatoria
Autenticación consular (8 C.F.R. § 287.6(b))	No disponible: sin relaciones consulares EE.UU.–Venezuela desde 2019
Apostilla de La Haya (análogo FRE 902(3))	Formalmente disponible; limitada por disfunción registral, demoras y riesgo de fraude
Copias certificadas de registros públicos (FRE 902(4))	Factible cuando se logra cooperación del SAREN / registro civil
Declaraciones juradas + corroboración (Matter of H-L-H-)	Vía práctica primaria; autenticidad demostrable con cualquier prueba probatoria
Testimonio experto (forense / country expert)	Complemento sólido para documentos impugnados y contexto del país

Figura 7.2. Disponibilidad relativa y utilidad probatoria de las vías de autenticación para documentos venezolanos.

7.8. Traducción Certificada Bajo 8 C.F.R. § 1003.33

Todo documento en idioma extranjero presentado ante la corte de inmigración debe ir acompañado de una traducción al inglés y una certificación firmada que dé fe de que la traducción es completa y precisa y de que el traductor es competente.[35] La regla es inflexible en su aplicación: las traducciones parciales o resumidas invitan a la exclusión o a una reducción del peso probatorio, y las discrepancias entre un original en español y su versión en inglés proporcionan munición fácil para determinaciones adversas de credibilidad. La mejor práctica para los registros venezolanos incluye traducir sellos, timbres, anotaciones marginales y elementos de seguridad, ya que estos son precisamente los elementos sobre los que a menudo gira la autenticidad.

7.9. El Experto en Documentos Extranjeros

Dos tipos de experto sirven al caso documental. El examinador forense de documentos aborda el artefacto físico —papel, tinta, impresión de seguridad, señales de alteración— mientras que el experto en condiciones del país aborda el contexto institucional: cómo

[35] 8 C.F.R. § 1003.33 ("Todo documento en idioma extranjero ofrecido por una parte en un procedimiento deberá ir acompañado de una traducción al idioma inglés y una certificación firmada por el traductor... de que la traducción es completa y precisa, y... de que él o ella es competente para traducir del idioma extranjero al inglés.").

funcionan realmente el SAREN y los registros civiles, por qué los documentos venezolanos genuinos exhiben irregularidades que en otro lugar resultarían sospechosas, y por qué ciertos registros no pueden obtenerse en absoluto. Aunque el estándar Daubert no rige formalmente en la corte de inmigración, sus criterios de confiabilidad moldean el peso que reciben los expertos, y el abogado debe construir las calificaciones, la metodología y las fuentes dentro de la declaración del experto en consecuencia.[36] En el contexto venezolano, el experto en el país con frecuencia resulta más valioso que el examinador forense, porque la disputa central rara vez es si la tinta está envejecida, sino si el colapso institucional explica la imperfección documental.

7.10. El Nuevo Panorama Procesal: Remisión Sin Entrevista y Preterminación

Dos desarrollos recientes han comprimido radicalmente el espacio procesal en el que opera la evidencia documental. Primero, la regla interina final del Departamento de Seguridad Nacional (DHS) del 28 de julio de 2026, vigente desde su publicación, autoriza a los oficiales

[36] Cf. Fed. R. Evid. 702; Daubert v. Merrell Dow Pharms., Inc., 509 U.S. 579 (1993). Aunque Daubert no rige formalmente en la corte de inmigración, sus factores de confiabilidad informan el peso que un juez de inmigración asigna a la evidencia experta.

de asilo de USCIS a remitir las solicitudes de asilo afirmativo al EOIR sin llevar a cabo una entrevista de asilo, y elimina el requisito de que las notificaciones de remisión incluyan una evaluación de credibilidad cuando la credibilidad no sea el fundamento de la remisión.[37] El DHS justificó la regla citando un atraso (backlog) de solicitudes afirmativas que supera 1.4 millones de casos y tiempos de procesamiento promedio cercanos a siete años, e identificó cerca de 445,000 solicitudes pendientes con problemas relativos al plazo de un año como candidatas para la remisión sin entrevista.[38] La consecuencia para la práctica probatoria es inmediata: el expediente escrito presentado con el Formulario I-589 y la declaración, los documentos y las traducciones que lo acompañan pueden ahora llegar a la corte de inmigración sin mediar ninguna oportunidad oral para explicar, contextualizar o subsanar.

Segundo, dentro del propio EOIR, el Memorando de Política 25-28 alentó a los jueces de inmigración a preterminar (desestimar sin

---

[37] Affirmative Asylum Referrals Without Interview, 91 Fed. Reg. 47101 (28 de julio de 2026) (regla interina final, vigente desde el 28 de julio de 2026; período de comentarios cierra el 28 de septiembre de 2026) (a codificarse en 8 C.F.R. pt. 208).

[38] Id. El DHS reportó un atraso de solicitudes afirmativas que superaba 1.4 millones de casos al cierre del año fiscal 2025, con tiempos de procesamiento promedio de aproximadamente 7.3 años, e identificó aproximadamente 444,724 solicitudes pendientes con problemas relativos al plazo de presentación de un año.

audiencia de fondo) las solicitudes de asilo legalmente insuficientes,[39] y la decisión precedencial de la Junta en Matter of H-A-A-V- confirmó que, cuando las alegaciones fácticas, tomadas de la manera más favorable para el demandado, no logran establecer elegibilidad prima facie, el juez de inmigración puede denegar el asilo, la suspensión de la remoción y la protección bajo la Convención contra la Tortura sin una audiencia probatoria completa, apartándose de la tradición de audiencia de Matter of Fefe y del ya anulado Matter of E-F-H-L-.[40] La preterminación es procedente únicamente cuando no existe controversia sobre los hechos materiales,[41] y Matter of C-A-R-R- prohíbe preterminar únicamente por la ausencia de una declaración; pero el efecto combinado de ambos regímenes es inequívoco. La solicitud afirmativa ya no es una oferta inicial que se perfecciona en la

---

[39] Sirce E. Owen, Directora Interina, EOIR, Memorando de Política 25-28, Preterminación de Solicitudes de Asilo Legalmente Insuficientes (11 de abril de 2025).

[40] Matter of H-A-A-V-, 29 I&N Dec. 233 (BIA 2025); compárese Matter of Fefe, 20 I&N Dec. 116 (BIA 1989), y Matter of E-F-H-L-, 26 I&N Dec. 319 (BIA 2014) (anulado en 2018), con Matter of C-A-R-R-, 29 I&N Dec. 13 (BIA 2025) (es un error preterminar únicamente por la ausencia de una declaración).

[41] Matter of H-A-A-V-, 29 I&N Dec. en 233 (sosteniendo que cuando las alegaciones fácticas, "vistas de la manera más favorable para el demandado", no logran establecer elegibilidad prima facie, un juez de inmigración puede preterminar sin una audiencia probatoria completa).

entrevista y en la audiencia. Puede ser la única presentación que un adjudicador llegue a leer jamás.

Figura 7.3 — El Trámite de Asilo Afirmativo, Antes y Después de la Regla Interina de 2026

Proceso tradicional	Marco posterior a 2025/2026
1. Formulario I-589 presentado ante USCIS	1. Formulario I-589 presentado ante USCIS
2. Entrevista de asilo no adversarial (garantizada)	2. IFR (91 FR 47101, vig. 28/7/26): remisión al EOIR permitida sin entrevista
3. Concesión — o remisión al EOIR con evaluación de credibilidad	3. Sin evaluación de credibilidad en la notificación de remisión
4. Audiencia Maestra (alegatos)	4. Audiencia Maestra: moción de preterminación posible, de oficio o a instancia del DHS
5. Audiencia individual completa (testimonio + documentos), Matter of Fefe / E-F-H-L-	5. Matter of H-A-A-V- (BIA 2025): preterminación sin audiencia probatoria completa
6. Decisión del juez de inmigración; revisión de apelación ante la BIA	6. El expediente escrito se vuelve decisivo: I-589, declaración, documentos autenticados

Figura 7.3. El trámite de asilo afirmativo antes y después de la regla interina final de 2026 y de Matter of H-A-A-V-. Consecuencia práctica: El expediente documental debe establecer la elegibilidad prima facie desde el momento de la presentación.

7.11. Conclusión

Las doctrinas examinadas en este capítulo convergen en un único imperativo práctico. Cuando las entrevistas pueden omitirse y las audiencias preterminarse, el expediente documental del solicitante venezolano normalmente debe autenticarse bajo los estándares flexibles de la Regla 901, quedar exento del requisito del documento original cuando aplique la Regla 1004, traducirse con el rigor que exige el § 1003.33, y fortalecerse con declaraciones y contexto experto, de modo que se establezca la elegibilidad prima facie desde el momento mismo de la presentación. El derecho probatorio, durante mucho tiempo la infraestructura silenciosa del caso de asilo, se ha convertido en su arquitectura. El abogado que domina la autenticación no solo mejora sus casos; bajo el régimen procesal actual, preserva el derecho de sus clientes a ser escuchados.

Capítulo 8: Construyendo el Paquete de Evidencias

Estrategia, Expertos y la Anticipación de Objeciones

8.1. Introducción: De la Doctrina a la Práctica

El Capítulo 7 estableció el terreno doctrinal: estándares de autenticación flexibles, reglas de traducción inflexibles, y un régimen procesal en el que el escrito presentado puede ser la única presentación que un adjudicador llegue a leer jamás.[42] Este capítulo convierte esa doctrina en oficio. El paquete de evidencias no es un contenedor de documentos, sino un argumento en forma física — una demostración ordenada, indexada e internamente referenciada de que cada elemento del reclamo de protección descansa sobre prueba identificada, autenticada y traducida. Las disciplinas examinadas aquí son arquitectónicas (el índice y la priorización de los elementos

---

[42] Véase Capítulo 7, supra, §§ 7.6–7.10 (doctrina de autenticación y los desarrollos procesales de 2026).

probatorios), corroborantes (el uso estratégico de los informes sobre condiciones del país), testimoniales (el testigo experto bajo el marco Daubert) y adversariales (la anticipación de las objeciones del gobierno). Cada una ha sido reconfigurada por las nuevas reglas de 2025 y 2026.

8.2. Arquitectura: El Índice y la Priorización Documental

La forma precede a la persuasión. Las reglas de práctica del EOIR autorizan a los jueces de inmigración a fijar plazos de presentación cuyo incumplimiento puede constituir renuncia, y el Manual de Políticas prescribe la paginación consecutiva, el etiquetado y la indexación de los elementos probatorios propuestos.[43] Un índice que se limita a enumerar documentos desperdicia su función más valiosa. El índice bien diseñado cumple tres tareas simultáneamente: ubica cada elemento probatorio por pestaña y página; identifica el elemento del reclamo —persecución pasada, nexo, aquiescencia gubernamental, imposibilidad de reubicación— que ese elemento probatorio sustenta; y establece el método de autenticación en que se

---

43 8 C.F.R. § 1003.31(c) (el juez de inmigración puede fijar y extender los plazos de presentación; las presentaciones extemporáneas pueden considerarse renunciadas); véase también EOIR Policy Manual, pt. II, ch. 3.1 (requisitos de forma y paginación para las presentaciones, incluidas portadas, índices y paginación consecutiva).

basa.[44] La priorización procede en cuatro niveles. El Nivel I comprende los documentos de identidad y civiles centrales, cuyo fracaso es fatal para todo lo que viene después. El Nivel II contiene evidencia específica de la persecución —denuncias policiales, registros médicos de lesiones, credenciales de afiliación partidista, mensajes de amenaza— que lleva el mayor valor probatorio y atrae el fuego más intenso del gobierno. El Nivel III aporta la corroboración de condiciones del país, y el Nivel IV la evidencia experta que conecta el expediente individual con su contexto institucional. Dado que el estatuto permite a los adjudicadores exigir la corroboración razonablemente disponible sin previo aviso ni continuación, el abogado debe asumir que todo documento obtenible en los Niveles I y II será considerado obtenible.[45]

Figura 8.1 — Priorización Probatoria: El Paquete de Cuatro Niveles

---

[44] EOIR Policy Manual, pt. II, ch. 3.3(e) (los elementos probatorios propuestos deben paginarse, indexarse y etiquetarse; los documentos deben organizarse y referenciarse por número de elemento probatorio).

[45] 8 U.S.C. § 1158(b)(1)(B)(ii) (la corroboración razonablemente disponible puede exigirse); Matter of L-A-C-, 26 I&N Dec. 516 (BIA 2015) (el adjudicador no necesita identificar la corroboración específica por adelantado ni conceder una continuación para obtenerla).

Nivel	Contenido	Función
Nivel I	Identidad y documentos civiles centrales: pasaporte, cédula, actas de nacimiento/matrimonio, declaración del solicitante	Autenticar primero; su fracaso es fatal
Nivel II	Evidencia específica de persecución: partes policiales/médicos, credenciales partidistas, amenazas, declaraciones de testigos	Mayor valor probatorio; la más impugnada por el DHS
Nivel III	Corroboración de condiciones del país: informes DOS, guías ACNUR, HRW, Amnistía, Misión de la ONU sobre Venezuela	Familiar al juzgador; conecta el Nivel II con el contexto
Nivel IV	Evidencia experta: perito documental y experto en el país	Cierra brechas; enmarcada bajo el estándar Daubert

Figura 8.1. Priorización en cuatro niveles del paquete de evidencias, ordenada según la secuencia de ensamblaje y la vulnerabilidad a la impugnación.

8.3. Informes Corroborantes: Departamento de Estado, ACNUR, HRW y Amnistía

La evidencia sobre condiciones del país ocupa una posición privilegiada. La Junta ha descrito los informes del Departamento de Estado como "altamente probatorios" y usualmente la mejor fuente disponible sobre las condiciones en el extranjero,[46] y los adjudicadores reciben la guía de elegibilidad del ACNUR, los capítulos anuales de Human Rights Watch sobre Venezuela, y los informes de Amnistía Internacional como fuentes familiares e institucionalmente creíbles.[47] Para los reclamos venezolanos, los informes de la Misión Internacional Independiente de Determinación de los Hechos de las Naciones Unidas merecen un énfasis particular: documentan, con una granularidad probatoria inusual en el reporte internacional, patrones de detención arbitraria, tortura y persecución con motivación política

---

[46] Matter of H-L-H- & Z-Y-Z-, 25 I&N Dec. 209, 213 (BIA 2010) (los informes del Departamento de Estado son "evidencia altamente probatoria" y "usualmente la mejor fuente disponible de información sobre condiciones del país"), rev'd por otros motivos sub nom. Hui Lin Huang v. Holder, 677 F.3d 130 (2d Cir. 2012).

[47] Véase, p. ej., UNHCR, Guidance Note on International Protection Considerations for Venezuelans (y la guía de elegibilidad sucesora); Human Rights Watch, World Report (anual, capítulo Venezuela); Amnesty International, Report: The State of the World's Human Rights (anual).

atribuibles a los órganos de seguridad del Estado.[48] Dos advertencias moderan el entusiasmo. Primero, el reporte generalizado no puede sustituir la prueba individualizada; las cortes han criticado repetidamente los expedientes que establecen un país peligroso pero no una persona amenazada.[49] Segundo, el volumen no equivale al peso probatorio. La presentación eficaz extrae citas puntuales; el índice conecta páginas específicas del informe con elementos específicos del reclamo, convirtiendo un archivo de investigación en un argumento.

8.4. El Testigo Experto Bajo el Estándar Daubert

Aunque las Reglas Federales de Evidencia no vinculan a la corte de inmigración, la trilogía Daubert provee el vocabulario en el que se debate la confiabilidad pericial: verificabilidad, revisión por pares, tasas de error, estándares y aceptación general, extendido por Kumho

---

[48] Véase U.N. Human Rights Council, Report of the Independent International Fact-Finding Mission on the Bolivarian Republic of Venezuela, U.N. Doc. A/HRC/45/33 (sept. 2020), e informes de sesiones posteriores (que documentan crímenes de lesa humanidad, detención arbitraria y persecución por motivos políticos).

[49] Cf. Zubeda v. Ashcroft, 333 F.3d 463, 477–78 (3d Cir. 2003) (los informes de país no pueden sustituir el análisis individualizado); Galina v. INS, 213 F.3d 955, 958–59 (7th Cir. 2000) (criticando la confianza acrítica en informes generalizados).

Tire a la pericia basada en la experiencia.[50] La enmienda de 2023 a la Regla 702 agudizó la carga del proponente de demostrar que la opinión refleja una aplicación confiable de una metodología confiable,[51] y la propia jurisprudencia de la Junta —Matter of D-R- y, decisivamente, Matter of J-G-T-— ha importado un marco informado por Daubert a los procedimientos de remoción.[52] La preparación del experto, por tanto, comienza con el informe, no con la audiencia: el informe debe revelar las calificaciones, las fuentes y el método; debe aplicar ese método de manera visible a los documentos y hechos del caso; y debe reconocer los límites de la opinión, porque una concesión

---

50 Daubert v. Merrell Dow Pharms., Inc., 509 U.S. 579, 592–95 (1993); Kumho Tire Co. v. Carmichael, 526 U.S. 137, 141 (1999) (extendiendo el rol de filtro de Daubert a la pericia no científica).

51 Fed. R. Evid. 702 (enmendada el 1 de diciembre de 2023, aclarando que el proponente debe demostrar los requisitos de admisibilidad por preponderancia de la prueba y que la opinión debe reflejar una aplicación confiable de la metodología a los hechos).

52 Véase Matter of D-R-, 25 I&N Dec. 445, 460 (BIA 2011) (un juez de inmigración puede basarse en testimonio experto cuando el conocimiento, la destreza, la experiencia, la capacitación o la educación del experto puedan asistir al juzgador de los hechos), devuelto por otros motivos, D-R- v. Holder (9th Cir. 2012).

ofrecida voluntariamente en el interrogatorio directo vale por dos extraídas en el contrainterrogatorio.[53]

La coordinación entre el abogado y el experto documental exige igual disciplina. El abogado define las preguntas, suministra el expediente completo —incluidos los documentos desfavorables, cuya omisión es descubrible y devastadora— y pone a prueba el borrador de la opinión frente al contrainterrogatorio anticipado; el abogado no redacta las conclusiones. La arquitectura federal del work-product, aunque no aplica formalmente, marca el límite profesional: las comunicaciones sobre la teoría del caso son colaboración protegida, mientras que las opiniones escritas por otra persona (ghostwritten) son material de impugnación.[54] La divulgación misma —identidad, informe, compensación y testimonios previos— debe presentarse junto con el paquete de evidencias, en lugar de al filo del plazo, por razones que la siguiente sección deja claras.

---

[53] Matter of J-G-T-, 28 I&N Dec. 97, 101–05 (BIA 2020) (adoptando un marco informado por Daubert para evaluar la admisión y el peso del testimonio experto en la corte de inmigración).

[54] Cf. Fed. R. Civ. P. 26(a)(2), (b)(4) (divulgación del experto y protección de work-product para los borradores de informes y la mayoría de las comunicaciones abogado-experto); aunque la Regla 26 no rige en la corte de inmigración, su arquitectura provee el estándar profesional.

8.5. Las Objeciones del Gobierno, Anticipadas

La Oficina del Asesor Legal Principal (OPLA) litiga los casos documentales a partir de un repertorio corto y predecible. Las objeciones de falta de fundamento y autenticidad, bajo la lógica de la Regla 901, se responden con la declaración del receptor y la narrativa de cadena de custodia. Las alegaciones de fraude invocan Matter of O-M-O-, que permite a un juez de inmigración determinar que un documento es fraudulento sin un análisis forense — pero solo por razones articuladas y tras una oportunidad de respuesta; el expediente bien preparado se anticipa a esa determinación con su propio informe forense y con el testimonio de un experto sobre por qué los documentos venezolanos genuinos exhiben irregularidades.[55] Las objeciones de traducción bajo el § 1003.33 son enteramente prevenibles y, por tanto, inexcusables.[56] Las objeciones de extemporaneidad bajo el § 1003.31 se responden con disciplina de calendario y, cuando los documentos llegan tarde desde Venezuela, con una moción de causa justificada presentada antes, no después, del

---

[55] Matter of O-M-O-, 28 I&N Dec. 191, 194–97 (BIA 2021) (un juez de inmigración puede determinar que un documento es fraudulento sin análisis forense cuando el expediente contenga razones articulables suficientes, pero debe dar al demandado la oportunidad de responder).

[56] 8 C.F.R. § 1003.33; véase Capítulo 7, supra, § 7.8.

plazo.[57] Los cuestionamientos a las calificaciones del experto se responden en la propia divulgación. El principio unificador es temporal: toda objeción es más barata de responder en el expediente que en el estrado.

Figura 8.2 — Anticipando las Objeciones del Gobierno

Objeción del DHS	Contramedida anticipatoria
Falta de fundamento / autenticidad (FRE 901)	Declaración del receptor + narrativa de cadena de custodia; comparación experta
Documento fraudulento (Matter of O-M-O-)	Informe del examinador forense; experto en el país sobre irregularidades registrales
Traducción incierta / incompleta (§ 1003.33)	Traducción certificada completa, incl. Sellos y timbres; certificado de competencia del traductor
Presentación extemporánea (8 C.F.R. § 1003.31)	Presentar antes de la fecha de "call-up"; moción de prórroga con causa justificada
Experto no calificado / no confiable (Daubert)	CV + metodología + fuentes en el informe; divulgación temprana; preparación para voir dire

[57] 8 C.F.R. § 1003.31(c); en la práctica de la corte de inmigración, los plazos de "call-up" son comúnmente de quince o treinta días antes de la audiencia individual, pero la orden de calendarización del juez controla.

Relevancia / evidencia de país acumulativa	El índice conecta cada página del informe con elementos específicos del reclamo

Figura 8.2. Las objeciones documentales recurrentes del gobierno y sus contramedidas pre-presentadas.

8.6. Estrategia Bajo las Nuevas Reglas: Adelantar el Trabajo Como Estrategia de Supervivencia

La regla interina final de 2026 permite a USCIS remitir las solicitudes afirmativas al EOIR sin entrevista,[58] y Matter of H-A-A-V-, aplicando la lógica del Memorando de Política 25-28, permite a los jueces de inmigración preterminar las solicitudes que no logran establecer un caso prima facie — sin audiencia de fondo y, en la práctica, en ocasiones sua sponte en la etapa de la Audiencia Maestra (Master Calendar).[59] De ello se derivan tres corolarios estratégicos. Primero, el Formulario I-589 debe estar completo en el sentido estricto de

---

[58] Affirmative Asylum Referrals Without Interview, 91 Fed. Reg. 47101 (28 de julio de 2026) (regla interina final, vigente desde el 28 de julio de 2026).

[59] Matter of H-A-A-V-, 29 I&N Dec. 233 (BIA 2025); Sirce E. Owen, Directora Interina, EOIR, Memorando de Política 25-28, Preterminación de Solicitudes de Asilo Legalmente Insuficientes (11 de abril de 2025).

Matter of C-A-R-R-: toda pregunta sustantiva respondida, con una declaración adjunta al momento de la presentación en lugar de prometida para después.[60] Segundo, la declaración y los elementos probatorios deben redactarse para derrotar la preterminación en sus propios términos — alegando hechos que, de tenerse por ciertos, establecen cada elemento, e identificando expresamente las controversias fácticas (credibilidad, motivo, participación estatal) que requieren una audiencia probatoria.[61] Tercero, la secuencia del trabajo se invierte: la autenticación, la traducción, la verificación experta y la divulgación —tareas antes programadas para la ventana previa a la audiencia— deben estar sustancialmente completas antes de la presentación inicial, porque puede no existir una oportunidad posterior para subsanar.

Figura 8.3 — El Flujo de Trabajo Adelantado Bajo el Nuevo Régimen Procesal

Etapa	Contenido

---

60 Matter of C-A-R-R-, 29 I&N Dec. 13, 16–17 (BIA 2025) (toda pregunta sustantiva del Formulario I-589 debe responderse para que la solicitud esté completa; es un error preterminar únicamente por la ausencia de una declaración).

61 Véase Matter of H-A-A-V-, 29 I&N Dec. en 233 (la preterminación solo procede cuando no hay controversia sobre los hechos materiales); la tarea del profesional es dejar constancia de las controversias fácticas materiales antes de que se decida cualquier moción de preterminación.

1. Recepción y triaje documental	Clasificación del expediente en los cuatro niveles
2. Autenticación y verificación experta	Forense documental + experto en el país
3. Traducciones certificadas	Conforme al § 1003.33
4. Declaración + índice numerado	Declaración jurada y elementos probatorios indexados
5. Presentación completa	Caso prima facie en el expediente desde el inicio

Compresión impuesta por la IFR de 2026 (91 FR 47101) y Matter of H-A-A-V-: sin entrevista garantizada para subsanar vacíos • preterminación posible en la Audiencia Maestra • la presentación misma debe sobrevivir la revisión "de la manera más favorable", sin testimonio. Regla estratégica: Cada elemento del reclamo debe corresponder a un elemento probatorio, y cada elemento probatorio a un método de autenticación, antes de la presentación — no antes de la audiencia.

Figura 8.3. El flujo de trabajo adelantado que exigen la IFR de 2026 y Matter of H-A-A-V-.

8.7. Lista de Verificación Final del Profesional

La siguiente lista está diseñada para su aplicación directa en la revisión final de cualquier expediente de protección venezolano. Es deliberadamente breve; su función no es sustituir el criterio profesional, sino hacer imposible la omisión.

Elemento	Estándar de cumplimiento
Verificación experta	Todo documento impugnado o con irregularidades aparentes revisado por el perito forense y/o el experto del país; hallazgos escritos incorporados al informe.
Traducción certificada	Cada elemento probatorio en idioma extranjero lleva traducción completa al inglés con certificado bajo § 1003.33 — incluidos sellos, timbres y anotaciones marginales.
Índice numerado	Elementos probatorios etiquetados, paginados consecutivamente e indexados; cada entrada del índice referencia el elemento del reclamo que sustenta.
Declaración jurada del solicitante	Declaración detallada, firmada y fechada; cada alegación material del I-589 desarrollada con nombres, fechas y

	lugares; procedencia de cada documento explicada.
Condiciones del país actualizadas	Materiales del DOS, ACNUR, HRW, Amnistía y la Misión de la ONU vigentes dentro del último ciclo de reporte; páginas citadas puntualmente, no informes completos.
Divulgación del testigo experto	Experto identificado ante la corte y el DHS con CV, informe, metodología, compensación y testimonios previos; presentado antes de la fecha de call-up.
Auditoría de caso prima facie (nuevas reglas)	Lectura final del expediente asumiendo ausencia de entrevista y testimonio: ¿los documentos, por sí solos y vistos de la manera más favorable, establecen nexo, motivo protegido y participación o aquiescencia estatal?

8.8. Conclusión

La estrategia, en el régimen actual, es en gran medida el arte de hacer primero las cosas del final. El índice, los niveles, los informes, el experto y la objeción anticipada no son etapas de la preparación del juicio, sino componentes de la presentación misma, porque la presentación puede ser ahora el juicio. El abogado que interioriza esa inversión practica la única forma de defensa documental que las nuevas reglas premian de manera confiable.

CONCLUSIÓN GENERAL

Cuando terminé de revisar el último borrador de este libro, volví a pensar en algo que aprendí temprano en mi carrera como fiscal y que nunca dejó de repetirse en veinte años de práctica: el fraude casi nunca se anuncia a sí mismo. No llega con un sello torcido ni con una fecha imposible escrita en rojo. Llega disfrazado de normalidad: un documento que parece exactamente como debería parecer, presentado por alguien que sabe exactamente qué se espera ver.

Recuerdo un caso de contrabando de mercurio en un punto de control cerca de San Cristóbal, durante mis años como Fiscal 7° del Ministerio Público en Táchira. El camión tenía toda la documentación de carga en regla. Nada en el papel indicaba irregularidad. Lo que delató la operación no fue un documento. Fue un gesto: el conductor demasiado nervioso al detenerse, algo que ningún formulario captura. Detrás de ese nerviosismo había un doble fondo con ciento dos kilos de mercurio. Ese es, en el fondo, el argumento de este libro: los documentos casi nunca mienten solos. Alguien tiene que interpretar el contexto en el que fueron producidos, y ese contexto, quién los emite, bajo qué presión, con qué recursos, dentro de qué sistema, es exactamente lo que un examinador entrenado nota y un observador casual pasa por alto.

Hay algo más que solo alguien que ha estado del lado de la investigación puede decir con certeza, y quiero decirlo aquí sin rodeos: la mayoría de los indicadores de fraude que enumero en los Capítulos 2 a 6 (un número de causa con formato incorrecto, un fiscal sin existencia verificable, una secuencia procesal que no corresponde al orden real del sistema venezolano) no los aprendí en un manual. Los aprendí viendo cientos de expedientes reales cruzar mi escritorio, algunos auténticos y otros no, hasta que el patrón se volvió instintivo. Eso es lo que este libro intenta transferir: no una lista de qué buscar, sino una manera de mirar.

También aprendí, con un caso que llevé personalmente, algo que resultó ser mucho más grande que ese expediente individual. En 2015 acusé a una mujer que ofrecía cupos falsos para la Gran Misión Vivienda Venezuela: había estafado a 36 personas por un monto cercano a los 4,5 millones de bolívares, y en su vivienda encontramos 120 carpetas, cada una con el nombre, la cédula y los datos de alguien que había pagado por una promesa de vivienda que nunca se iba a cumplir. Ninguna de esas 36 personas creyó estar haciendo algo indebido. Cada una pensaba que estaba haciendo exactamente lo correcto: ahorrar, hacer una fila, pagar un cupo, conseguirle un techo a su familia. Ese caso no fue una anomalía. Fue una muestra temprana de un fenómeno que, a lo largo de la década siguiente, se multiplicó por todo el país en formas distintas pero con la misma arquitectura emocional. El Ministerio Público llegó a documentar más de 200 víctimas de una sola constructora fraudulenta vinculada a la Misión Vivienda, y luego la Asamblea Nacional tuvo que crear una instancia especial únicamente para atender la avalancha de denuncias de estafas inmobiliarias. Un patrón casi idéntico se repitió con "Venezuela Productiva Automotriz", un esquema que se hacía pasar por un programa oficial de financiamiento vehicular: miles de personas recibieron mensajes de texto anunciándoles que habían sido "seleccionadas" para adquirir un carro a bajo costo, y solo tenían que depositar por adelantado un porcentaje "administrativo" del precio. Nadie que depositó ese dinero pensó que estaba siendo ingenuo. Pensaron que estaban aprovechando, por fin, una oportunidad legítima. Y el mismo patrón se repite en las estafas electrónicas en general: la propia división de delitos informáticos del CICPC reportó que este tipo de fraude creció entre 20% y 30% solo entre 2020 y 2022, con cientos de detenidos en un único año, una fracción mínima de los casos reales, que se cuentan por miles. Escribo todo esto porque es exactamente la misma arquitectura emocional que veo, una y otra vez, en el fraude documental migratorio. Nadie compra un documento falso pensando "esto es un fraude". Alguien esperanzado paga a un tramitador que le asegura que así se hacen las cosas, que ese es el camino más rápido, que todo el mundo lo hace así, y la víctima sale de esa transacción convencida de que hizo lo correcto. El estafador de documentos y el estafador de la Misión Vivienda usan el mismo guion: no engañan a alguien que sabe que está haciendo algo malo. Engañan a alguien que quiere creer que, por fin, algo en el sistema le está funcionando a su favor.

Estos no son casos aislados. Son síntoma de algo más profundo: una generación de venezolanos que se acostumbró a convivir con la estafa desde dos direcciones a la vez. Unos se acostumbraron a ser víctimas, porque en algún momento dejó de sorprender que las cosas no funcionaran como debían. Otros se acostumbraron a estafar, porque el propio sistema les enseñó cómo hacerlo mucho antes de que decidieran cruzar esa línea. Yo lo vi de primera mano: en Venezuela se llegó a pagar por una cita para sacar el pasaporte. Se le pagaba a un gestor, alguien sin ningún cargo oficial, simplemente alguien que sabía a quién más pagarle, para acelerar un turno, agilizar un trámite, saltarse una fila que en teoría no debía existir. Esa no es una anécdota menor. Es el origen de todo lo que este libro documenta: una decadencia institucional que empezó como corrupción de bajo perfil y terminó convirtiéndose en un ecosistema completo donde la autenticidad de un documento depende, muchas veces, de cuánto se pagó y a quién.

Le pedí a Alexander que cerrara este libro con su propia voz, porque la Parte II es tan suya como la Parte I es mía, y porque el lector merece escuchar directamente de quien ha estado, literalmente, del otro lado del expediente: frente al juez, no frente al archivo.

Alexander J. Alfano:

Cuando Rolnar me mostró por primera vez cómo se ve un acta de imputación venezolana auténtica, comparada con una fabricada, entendí algo que treinta años de litigio nunca me habían enseñado: yo llevaba décadas argumentando sobre documentos que nunca había aprendido a leer de verdad. Sabía qué regla de evidencia citar. No sabía qué mirar.

Ese fue el punto de partida de la Parte II. Mi trabajo no fue enseñar documentología venezolana. Esa es la de Rolnar. Mi trabajo fue traducir esa inteligencia al único lenguaje que un juez de inmigración reconoce: el expediente, la audiencia, la objeción anticipada. Escribo esta conclusión en un momento en que ese lenguaje está cambiando más rápido de lo que cualquiera de nosotros hubiera anticipado hace un año: con solicitudes que se resuelven sin entrevista, con preterminaciones en la Audiencia Maestra, con un DHS que persigue activamente a los abogados que litigan sin rigor. En ese entorno, mi mitad de este libro es la que tiene fecha de vencimiento. La doctrina se actualiza, las reglas procesales cambian, y es probable que parte de lo que escribí en los Capítulos 7 y 8 necesite revisión antes de la segunda edición. La mitad de Rolnar no envejece de la misma manera. Ningún modelo, ningún software, ninguna base de datos reemplaza veinte años de haber visto el sistema venezolano por dentro. Lo mío se actualiza; lo suyo se vive.

Por eso este libro tenía que escribirse a cuatro manos. Uno de nosotros sabe qué es un documento venezolano auténtico. El otro sabe qué hace falta para que un juez estadounidense lo crea. Ningún abogado, por experimentado que sea, puede permitirse prescindir de cualquiera de las dos mitades.

Este libro no cierra un tema. Abre una práctica. Lo que empezó como una conversación entre un ex fiscal venezolano y un abogado de inmigración de Florida se convirtió en la herramienta que ambos deseábamos tener años atrás. Se la entregamos ahora a quienes están, hoy mismo, preparando un expediente que puede decidir si alguien se queda o si alguien es devuelto a un país que ya no puede protegerlo.

Rolnar Sanabria & Alexander J. Alfano, J.D.
Tulsa, Oklahoma / Coral Gables, Florida — 2026

ANEXO A

Glosario de Instituciones Venezolanas

Este glosario presenta las instituciones venezolanas mencionadas en el texto, su competencia formal y su estado operativo actual. La comprensión del rol de cada institución es indispensable para evaluar correctamente los documentos que producen.

SAIME (Servicio Administrativo de Identificación, Migración y Extranjería): Institución adscrita al Ministerio del Poder Popular para Relaciones Interiores, Justicia y Paz. Creado por Decreto N° 6.733 del 9 de junio de 2009. Competencia: emisión de cédulas de identidad y pasaportes, control migratorio, regularización de extranjeros. Estado actual: Deterioro operativo significativo desde 2015, con escasez de materiales y altos costos de tramitación en dólares.

Ministerio Público (Fiscalía General de la República): Órgano constitucional autónomo responsable del ejercicio de la acción penal pública en Venezuela. Marco normativo: Constitución de 1999, Art. 285; Ley Orgánica del Ministerio Público. Dirige la investigación penal con apoyo del CICPC. Estado actual: Señalado por organismos internacionales como cómplice de violaciones de derechos humanos.

CICPC (Cuerpo de Investigaciones Científicas, Penales y Criminalísticas): Principal organismo de investigación criminal de Venezuela, adscrito al Ministerio del Poder Popular para Relaciones Interiores. Competencia: recepción de denuncias, investigación criminal, práctica de experticias forenses. Cuenta con Divisiones de Ciencias Forenses con especialistas en documentología y grafotecnia. Estado actual: Documentado por la ONU como perpetrador de violaciones de derechos humanos.

Registro Civil: Sistema de oficinas municipales y parroquiales encargadas del registro de nacimientos, matrimonios y defunciones. Supervisado por el Consejo Nacional Electoral (CNE). Cuenta con aproximadamente 2.267 oficinas primarias y 23 Registros Principales estadales. La digitalización del período 1960-2006 fue parcialmente completada. Estado actual: colapso parcial en zonas rurales y fronterizas.

CNE (Consejo Nacional Electoral): Órgano rector del sistema electoral venezolano. Supervisa el Registro Civil y mantiene el padrón electoral. Su portal público (cne.gob.ve) permite verificar números de cédula de identidad.

Notarías Públicas: Instituciones del Estado con competencia para autenticar actos jurídicos: poderes notariales, actas de presencia, declaraciones juradas. Designadas por el Ministerio del Interior. Mantienen libros cronológicos de autenticaciones como mecanismo de verificación.

Registros Subalternos (Registros Públicos): Instituciones responsables de la protocolización de documentos con efectos frente a terceros: compraventas, hipotecas, sociedades mercantiles. Denominados Registros Públicos desde 2011. Operan con libros organizados por trimestre y año con numeración de tomo, folio e inscripción.

SEBIN (Servicio Bolivariano de Inteligencia Nacional): Organismo de inteligencia civil adscrito al Ministerio del Interior. Competencia formal: investigación de amenazas al orden constitucional y la seguridad del Estado. Estado actual: Documentado por Human Rights Watch y la Misión de la ONU como perpetrador de detenciones arbitrarias, tortura y violaciones graves de derechos humanos.

DGCIM (Dirección General de Contrainteligencia Militar): Organismo de inteligencia militar adscrito al Ministerio de la Defensa. Competencia formal: contrainteligencia en el ámbito de las Fuerzas Armadas. Estado actual: Documentado por la Misión de la ONU como responsable de crímenes de lesa humanidad, incluyendo torturas en sus instalaciones de detención.

IVSS (Instituto Venezolano de los Seguros Sociales): Institución de seguridad social que administra prestaciones de salud, invalidez y vejez. Produce documentación médica de carácter clínico. Estado actual: Afectado gravemente por la crisis humanitaria venezolana; hospitales del sistema con suministros insuficientes y personal no pagado.

TSJ (Tribunal Supremo de Justicia): Máximo órgano del Poder Judicial venezolano. Sus salas más relevantes para el análisis documental son la Sala de Casación Penal (jurisprudencia sobre uso de documentos falsos) y la Sala Constitucional. Estado actual: Señalado por Freedom House y Human Rights Watch como carente de independencia del Poder Ejecutivo.

Defensoría del Pueblo: Órgano autónomo constitucional encargado de proteger los derechos humanos. En la práctica, documentado por Human Rights Watch como cómplice de violaciones de derechos humanos en lugar de defensor de los ciudadanos.

MPPS (Ministerio del Poder Popular para la Salud): Ente rector del sistema de salud venezolano. Emite normativas sobre certificaciones médicas y regula el ejercicio de profesiones de salud. La Red Global Venezuela y organizaciones internacionales han documentado el colapso del sistema de salud bajo su rectoría.

Guía Visual: Elementos de Autenticidad Documental

El contenido de este anexo proviene directamente del testimonio profesional de una funcionaria venezolana de investigación penal cuya identidad se resguarda por razones de seguridad, con veinte años de servicio en la institución: ocho años como experta en documentología forense en la División de Criminalística y doce años adicionales en investigación penal de delitos contra las personas. A lo largo de su carrera ha realizado miles de estudios documentológicos y ha ratificado sus experticias bajo juramento ante los circuitos judiciales de diversos estados de Venezuela. Su testimonio fue recogido específicamente para esta obra y se reproduce aquí con su autorización.

NOTA METODOLÓGICA: Este anexo describe elementos técnicos de verificación con fines educativos, para que el profesional legal entienda qué es lo que un documentólogo forense examina y por qué. No sustituye un estudio documentológico realizado por un experto calificado, y ningún abogado debería intentar realizar por sí mismo el análisis aquí descrito sin el entrenamiento correspondiente.

B.1. Metodología General de Verificación Documental

Según explica la experta, un estudio documentológico es un análisis minucioso de un documento que lo desglosa de acuerdo con lo que se quiere determinar respecto de sus componentes físicos y estructurales. El análisis se organiza en tres grandes categorías.

El soporte (papel o material base)

Se analiza la composición del soporte (fibra de madera, algodón, sintético), su gramaje y grosor mediante medición exacta de la densidad en micras, y su comportamiento bajo luz ultravioleta o ante dispositivos de seguridad que resaltan bajo luz fluorescente. Una de las características que más detenidamente se examina es la detección de raspados, el uso de solventes para generar borrados, o la presencia de agregados o roturas.

La tinta

Se examina la composición química y la colorimetría mediante espectrometría o luz infrarroja; la fluidez y presión con que la tinta fue absorbida por las fibras del papel; y la secuencialidad de los trazos, con la finalidad de determinar cuál trazo se ejecutó primero y cuál después, y la presión ejercida por el autor al realizarlo.

La técnica de impresión

Para documentos elaborados por computadora u otro equipo, se analiza qué tipo de equipo generó el texto (láser, inyección de tinta, tipografía) y qué defectos de origen produce ese equipo específico, defectos que funcionan como su propia huella de seguridad. A esto se suma, cuando corresponde, el análisis de la escritura y su autoría.

B.2. Documento Indubitado vs. Documento Dubitado

En terminología forense, un documento "indubitado" es aquel de origen conocido que sirve como patrón de comparación; un documento "dubitado" es el que está siendo cuestionado. Para establecer que un documento dubitado fue forjado o falsificado, normalmente se requiere un documento indubitado con el cual compararlo.

La experta señala que cuando no se cuenta con un documento indubitado disponible, algo que ocurre con frecuencia en un caso migratorio en Estados Unidos, se pueden realizar distintas diligencias alternativas: comparación de impresiones de sellos, textos y soportes de otros documentos conocidos, análisis de técnicas de impresión, o incluso gestiones directas ante la institución o despacho emisor del documento (notarías, registros civiles, Ministerio Público), dependiendo del tipo de entidad.

B.3. Herramientas de Detección

La División de Criminalística del CICPC en Venezuela cuenta con un Video Espectro Comparador (VSC2000), equipo utilizado para comparar elementos de seguridad contra una base de datos de referencia y para llevar a cabo análisis mediante distintos tipos de luz: ultravioleta, infrarroja y fluorescente. A esto se suman lupas de distintas dioptrías y microscopios de distintos lentes.

Entre las técnicas específicas de detección que describe la experta se incluyen: la luz rasante o tangencial, que se proyecta a ras del papel para detectar alteraciones físicas y exponer el borrado mecánico (raspado con bisturí o goma que debilita las fibras del papel); la luz transmitida o a contraluz, que revela si el papel es más delgado en zonas específicas debido a un raspado, o si existen cortes o lavados químicos; y el análisis de cruce de trazos, que permite determinar el orden cronológico de los elementos para establecer si una firma o texto se plasmó antes o después de que se imprimiera el texto restante, lo que puede revelar un documento firmado en blanco y alterado después.

B.4. Documento Falso vs. Documento Alterado: Una Distinción Técnica

La experta identifica una diferencia técnica estructural fundamental entre un documento fabricado desde cero (falso) y un documento genuino que fue modificado (alterado):

- **Documento falso (fabricado desde cero):** Es una imitación total en cuanto a soporte, sistemas de impresión, tintas y elementos de seguridad como marcas de agua, fibrillas de colores u hologramas. Nace para engañar en su totalidad: no existe ningún elemento legítimo de origen.
- **Documento alterado:** Es un documento auténtico u original que ha sufrido modificaciones posteriores no autorizadas, generales o parciales, con la finalidad de mantener el soporte original mientras su contenido (fechas, montos, nombres) es alterado mediante adición, borrado o sustitución. Aprovecha un soporte legal auténtico para modificar su alcance jurídico.

La distinción entre uno y otro se establece mediante microscopía de impresión y la ausencia de elementos de seguridad (hologramas, hilos de seguridad, marcas de agua) que en los documentos falsos suelen estar ausentes o, absurdamente, impresos en la superficie en lugar de insertos en la pulpa del papel.

B.5. La Evolución de la Falsificación: De lo Artesanal a lo Digital

Según la experta, en los últimos diez años los análisis documentológicos han vivido un cambio radical impulsado por el avance tecnológico. Hace una década predominaba la falsificación por alteración física: raspados químicos, borrados mecánicos, injertos de papel y alteración de firmas mediante calco o imitación libre. Las falsificaciones de alta calidad hechas desde cero estaban limitadas a organizaciones con acceso a imprentas industriales.

En la actualidad, las alteraciones físicas casi han desaparecido. Predomina la falsificación digital mediante software con diseños avanzados e impresiones comerciales de alta resolución. Los falsificadores ya no borran un número con bisturí: lo copian en un documento digital, modifican los vectores del texto y lo reimprimen por completo.

> *IMPLICACIÓN PARA EL ABOGADO: Este cambio tiene una consecuencia directa para la práctica migratoria estadounidense, donde casi la totalidad de los documentos se introducen como copias escaneadas o archivos PDF. La Sección B.12 de este anexo profundiza en por qué esto vuelve indetectable, en una copia simple, el fraude por ensamble digital.*

B.6. La Cédula de Identidad Venezolana: Elementos por Generación

Las señales de alteración en una cédula de identidad venezolana se concentran principalmente en la impresión del fondo, las inconsistencias en la tipografía y el ensamblaje de la fotografía. El soporte original, su impresión y su plastificado tienen elementos de seguridad específicos que los falsificadores suelen reproducir de forma incompleta.

Figura B.1 — Elementos de Seguridad de la Cédula.

Generación	Elementos de seguridad clave
Hasta ~2000 (manual/mecanográfica)	Soporte de papel moneda gris, recortado a mano; laminado plástico comercial; fibrillas de colores visibles; sello húmedo del Ministerio u ONIDEX; firma autógrafa en tinta húmeda; foto física pegada antes de laminar; datos a máquina de escribir o a mano
2004 en adelante (Misión Identidad)	Papel satinado de seguridad; laminado fino y flexible; tramas de líneas finas continuas en el fondo (difíciles de fotocopiar); escudo de Venezuela que cambia ligeramente de tonalidad; impresión netamente digital por inyección de tinta (foto, texto y firma del director impresos junto con el resto); código de barras lineal en el reverso con datos biográficos encriptados

Figura B.1. Elementos de seguridad esperables según la generación de cédula, según el testimonio de María Garnica.

El indicador más revelador: la coherencia evolutiva

Según explica la experta, la relevancia de conocer esta evolución temporal radica en que las técnicas de falsificación comunes delatan la falsedad del documento cuando se cruzan con el año de emisión declarado. Dos ejemplos concretos que ofrece:

- **Anacronismo del soporte:** Si se presenta una cédula con fecha de emisión de 1998 o 2005 pero su diseño está impreso sobre plástico rígido tipo tarjeta de crédito, es falsa: en esos años el SAIME no emitía tarjetas rígidas.
- **El mito del "perfecto estado":** El papel de seguridad de las cédulas emitidas entre 2004 y 2015 tiende a amarillearse, su tinta se desgasta o se levanta bajo el plástico, y los bordes se desgastan con el tiempo. Una cédula supuestamente emitida en 2010 que luzca impecable, con blanco brillante y bordes plásticos perfectos sin adherencia molecular, suele ser un documento falso fabricado recientemente.

> *CITA DIRECTA: "El mito del 'perfecto estado' en cédulas viejas quedaría totalmente derogado, puesto que el papel de seguridad de las cédulas entre 2004-2015 tiende a colocarse amarillo, su tinta de impresión se desgasta o levanta bajo el plástico y los bordes suelen también desgastarse con el tiempo." — María Garnica, Comisario CICPC.*

B.7. El Pasaporte Venezolano Biométrico: Elementos por Nivel de Dificultad

En el pasaporte venezolano biométrico (formato azul/vinotinto con chip incorporado), la verificación se realiza de forma metódica. La experta distingue entre lo que se revisa primero y los elementos que representan la mayor barrera para los falsificadores.

Primera revisión: descarte inmediato de alteración

- **Costura y encuadernación:** El pasaporte venezolano está unido por un hilo entrelazado especial que reacciona a la luz ultravioleta. El experto jala suavemente el centro de la libreta: si el hilo es común, o si hay agujeros dobles o restos de pegamento, el documento fue desarmado para insertar hojas de otro pasaporte.
- **Prueba de rigidez y sonido:** La página de datos usa una lámina de policarbonato. Al golpear levemente la página contra una superficie blanda, el policarbonato auténtico emite un sonido seco y metálico, parecido al de un CD, imposible de imitar con plástico PVC común o papel plastificado.
- **Fotografía principal:** Se examina bajo luz oblicua buscando marcas de corte, relieves inusuales o doble laminación, que delatarían que una foto física fue pegada sobre la original.

Figura B.2 — Elementos Más Difíciles de Falsificar en el Pasaporte

Elemento	Por qué es casi imposible de falsificar
Grabado láser en policarbonato	Los datos biográficos y la fotografía en escala de grises no están impresos con tinta: se inyectan mediante un haz láser que quema químicamente los compuestos de carbono de las capas internas de la lámina. Un documento falso que imita esto con inyección de tinta muestra, bajo microscopio, puntos de colores en lugar de la ignición limpia en gris y negro.
Dispositivos ópticamente variables / imagen láser variable	Incluye elementos holográficos y una ventana lenticular que, al inclinar el pasaporte, muestra con nitidez la fecha de nacimiento o el número de pasaporte grabado con láser. Las copias falsas usan estampados de foil metálico comercial: brillan, pero no cambian de imagen con nitidez y se ven borrosas bajo lupa.

Figura B.2. Los dos elementos que María Garnica identifica como los más difíciles de reproducir por falsificadores, incluso sofisticados.

B.8. Partidas de Nacimiento y Actas de Matrimonio

Para determinar la autenticidad de una partida de nacimiento o un acta de matrimonio venezolana, la experta enfoca su análisis en las normativas y plataformas del Estado venezolano: el CNE como órgano rector del Registro Civil, el SAREN como ente legalizador, y el Ministerio del Poder Popular para Relaciones Exteriores (MPPRE) para la emisión de la apostilla electrónica. El protocolo de revisión sigue seis pasos:

1. El papel: Se verifica el grosor, la textura, las marcas de agua, los hilos de seguridad y los reactivos a la luz ultravioleta.

2. El sello húmedo institucional: Se examina la nitidez de la tinta, los bordes, la alineación del escudo nacional o estadal, y que no sea una impresión digital o un facsímil.

3. La firma del registrador: Se coteja el trazo, la presión del bolígrafo sobre el papel, y la legitimidad de la rúbrica de la autoridad civil activa en la fecha de emisión.

4. La numeración del libro y el acta: Se cruzan los datos del número de acta, tomo, año y folio con los archivos matrices del Registro Civil correspondiente.

5. Los datos de filiación y testigos: Se revisa la coherencia cronológica de las fechas de nacimiento, cédulas de identidad, nombres completos y firmas de los declarantes.

6. Las notas marginales: Se comprueba la existencia y validez de anotaciones obligatorias como reconocimientos, divorcios o rectificaciones.

Inconsistencias que son deterioro institucional, no fraude

La experta advierte específicamente sobre un punto crítico para el profesional migratorio: el deterioro institucional, la falta de presupuesto y la migración de archivos físicos a digitales en los registros civiles generan errores involuntarios que no deben confundirse con falsificación intencional.

- **Errores de transcripción:** Nombres o apellidos con letras cambiadas u omitidas al digitalizar masivamente libros antiguos.
- **Discrepancias en fechas:** Diferencias de pocos días entre la fecha de ocurrencia del hecho y la fecha de registro, por demoras operativas.
- **Folios o índices dañados:** Páginas rotas, manchadas con hongo o con tinta desvanecida que impiden la lectura clara de tomos antiguos.
- **Sellos borrosos:** Por el uso de almohadillas secas o gastadas, por falta de material de oficina en prefecturas o registros.
- **Ausencia de notas marginales:** Por omisión del personal al no asentar divorcios o rectificaciones en los libros principales, por pérdida de expedientes.

ARGUMENTO PARA LA CORTE: Cada una de estas cinco categorías de inconsistencia tiene una explicación institucional documentada, no fraudulenta. Un abogado que enfrenta una objeción de autenticidad basada en una de estas irregularidades puede citar directamente esta distinción técnica, respaldada por una experta con veinte años de experiencia dentro del propio sistema venezolano.

B.9. Denuncias ante el CICPC y el Ministerio Público

Una denuncia auténtica ante el Ministerio Público o el CICPC debe cumplir rigurosamente con formalidades legales y administrativas exigidas por el ordenamiento procesal venezolano:

- La identificación del órgano receptor: nombre del despacho, delegación o fiscalía específica que recibe el trámite.
- La fecha y hora de recepción: registro cronológico exacto del momento en que se interpone la denuncia.
- La identificación plena del denunciante en una planilla de reserva de identidad: nombres, apellidos, cédula, estado civil, profesión, domicilio y teléfono.
- La exposición circunstancial o relato de los hechos: narración detallada del qué, cómo, cuándo, dónde y por qué.

- La firma del denunciante o impresión dactilar, con consentimiento formal y validación del relato.
- La firma autógrafa del funcionario receptor: rúbrica del funcionario de guardia que levanta el acta.
- El sello húmedo de la institución, oficina o despacho judicial correspondiente.
- La nomenclatura o número de expediente: código alfanumérico único correlativo asignado al caso.

Patrones más frecuentes de falsificación

Sin identificar casos específicos, la experta señala que las inconsistencias más comunes en las denuncias que ha determinado como falsificadas son la manipulación de sellos (uso de logotipos extraídos de internet, de baja resolución, con bordes pixelados o superpuestos digitalmente mediante programas de edición, lo cual se evidencia cuando las letras del texto inferior no se mezclan orgánicamente con la "tinta" del sello) y defectos en el papel y los márgenes (formatos que no respetan los márgenes oficiales institucionales, cortes asimétricos si el documento fue impreso de forma casera, o ausencia de la calidad de papel comúnmente utilizada en despachos fiscales).

B.10. Reconocimientos Médico-Forenses

El análisis documental de un reconocimiento médico-legal va más allá del contenido clínico: se enfoca en la legalidad intrínseca del soporte, verificando que el documento nació en el marco de una investigación penal real.

- **Membrete institucional:** Debe incluir la línea jerárquica vigente del Ministerio del Poder Popular para Relaciones Interiores, Justicia y Paz, y el logo del SENAMECF o la división forense correspondiente.
- **Firma y sello:** El sello húmedo del médico forense debe indicar claramente su nombre completo, su cargo institucional, y su número de matrícula del Ministerio de la Salud (M.P.P.S.) y del Colegio de Médicos.
- **Nomenclatura del acta:** El código alfanumérico correlativo que registra la experticia en los libros de control interno de la medicatura forense.
- **Número de expediente o causa principal:** El documento debe reflejar de forma obligatoria el número de investigación (K, MP, o la nomenclatura del tribunal) al cual va dirigido, vinculando la experticia con el proceso penal.

HONESTIDAD METODOLÓGICA: Preguntada directamente si ha encontrado reconocimientos médico-forenses fabricados o alterados, la experta fue clara: hasta la fecha de esta entrevista no ha llevado a cabo un análisis de este tipo de documento cuyo resultado haya sido una falsificación o alteración. Esta respuesta se incluye deliberadamente, sin editar, porque refleja el estándar de honestidad técnica que este libro defiende: un experto no inventa hallazgos que no ha tenido.

B.11. El Testigo Experto: Consejos para el Litigio en Estados Unidos

La experta, quien ha ratificado estudios documentológicos bajo juramento ante los circuitos judiciales de Mérida, Barinas y Táchira, describe así su preparación: analiza la experticia o informe realizado, el procedimiento empleado y los métodos ejecutados para llegar a una conclusión precisa y certera. Según su experiencia, los jueces suelen preguntar principalmente sobre los procedimientos realizados y las conclusiones obtenidas.

Consultada específicamente sobre qué consejo le daría a un abogado que va a presentar, ante un juez en Estados Unidos, un estudio documentológico sobre un documento venezolano, su respuesta fue directa: un perito venezolano que declare en un proceso migratorio estadounidense debe superar rigurosos filtros de admisibilidad procesal y cultural, porque los jueces federales y estadales son sumamente estrictos con la evidencia extranjera. Sus recomendaciones concretas:

- **Usar fundamentos metodológicos claros:** El informe del perito venezolano debe detallar explícitamente los métodos científicos utilizados: examen microscópico de tintas, análisis de presión del trazo, luz ultravioleta, entre otros.

- **Evitar el lenguaje puramente descriptivo:** El informe no puede limitarse a afirmar que "el sello se ve falso". Debe explicar la tasa de error del método, si la técnica ha sido sometida a revisión por pares, y qué normas se aplicaron.

> *CONEXIÓN CON EL CAPÍTULO 8: Esta recomendación coincide exactamente con el estándar Daubert desarrollado en el Capítulo 8, sección 8.4 de este libro. La experta, sin formación en derecho probatorio estadounidense, llegó de forma independiente a la misma conclusión que exige la jurisprudencia federal: metodología explícita, verificable y sometida a estándares reconocidos, no una opinión descriptiva sin fundamento técnico articulado.*

B.12. Lo Que Todo Abogado de Inmigración Debería Saber

Al cierre de la entrevista, se le preguntó a la experta qué considera que todo abogado de inmigración debería saber y actualmente no sabe. Su respuesta identifica tres puntos ciegos que, en sus palabras, están provocando un aumento masivo en las peticiones de evidencia y las denegaciones.

Primero: la apostilla no certifica el contenido

Este es, según la experta, el error más común y más peligroso. Los abogados suelen creer que si un documento venezolano tiene una apostilla (física o electrónica), el documento es legalmente incontestable. En realidad, la apostilla solo certifica que la firma del funcionario público que legalizó el documento coincide con el registro que mantiene el Ministerio de Relaciones Exteriores. No certifica que el contenido del documento sea verdadero.

Segundo: el fraude por "clonación y ensamble digital" es indetectable en copias simples

Casi el cien por ciento de los casos de inmigración se introducen mediante fotocopias o archivos PDF escaneados, y los abogados confían en lo que el cliente les envía por correo electrónico. Según la experta, las falsificaciones más comunes hoy en día ya no se hacen alterando el papel físico con raspaduras o borradores químicos: se realizan mediante ensamble digital sofisticado. El método que describe es específico: recortar un sello auténtico de un PDF legítimo, clonar la firma de un fiscal real tomada de otra causa, y pegarlos digitalmente sobre un texto falso redactado en un procesador de texto, guardando el resultado final como un PDF plano.

> *IMPLICACIÓN DIRECTA: Un documento producido de esta manera puede pasar cualquier verificación visual porque cada uno de sus componentes (el sello, la firma) es genuino en origen. Solo un examen que compare el documento contra el registro institucional de la causa citada, o un análisis forense del archivo digital mismo, puede revelar el ensamble. Esta es precisamente la razón por la que el Capítulo 4 de este*

libro insiste en que un número de causa o expediente debe verificarse contra el sistema que lo emitió, no solo observarse.

Tercero: el estándar de evaluación es de nivel de inteligencia federal

Muchos abogados asumen que los oficiales de asilo o los jueces de inmigración no tienen el tiempo ni las herramientas para verificar un documento emitido en un pueblo remoto de Venezuela. La experta es categórica: esa suposición ya no es cierta.

Estos tres puntos, tomados en conjunto, son quizás la contribución más práctica de este anexo: no describen cómo se fabrica un documento falso, sino cómo piensa, y qué asume incorrectamente, el abogado que, sin saberlo, presenta uno.

Country Conditions: Venezuela

El análisis de los documentos venezolanos no puede separarse del contexto del país que los produce. Los informes internacionales sobre las condiciones en Venezuela son una fuente probatoria fundamental en los casos de asilo venezolano, tanto para sustentar la credibilidad del solicitante como para explicar las características particulares de su documentación. Este anexo presenta un resumen de los hallazgos de las fuentes más autorizadas y frecuentemente citadas en procedimientos ante el EOIR.

C.1. Estado de Derecho e Independencia Judicial

El World Justice Project, en su Rule of Law Index 2024, clasifica a Venezuela en el lugar 139 de 142 países evaluados, con los puntajes más bajos en las dimensiones de ausencia de corrupción, justicia civil y justicia penal. El informe señala que el sistema judicial venezolano carece de independencia estructural respecto al poder ejecutivo.

Freedom House, en su informe Freedom in the World 2025, otorga a Venezuela una puntuación de 9 sobre 100 puntos, clasificándola como

Not Free. El informe concluye que los jueces venezolanos son designados con base en lealtad política y que el poder judicial ha sido instrumentalizado para perseguir a la oposición.

C.2. Violaciones de Derechos Humanos Documentadas

La Misión Internacional Independiente de Determinación de los Hechos sobre Venezuela de las Naciones Unidas (FFM), en su informe de septiembre de 2024, determinó que los actos cometidos antes y después de las elecciones presidenciales del 28 de julio de 2024 constituyen crímenes de lesa humanidad. La FFM documentó detenciones arbitrarias, torturas, ejecuciones extrajudiciales y represalias contra familiares de opositores.

Human Rights Watch, en su Informe Mundial 2026 sobre Venezuela, publicado en enero de 2026, reporta que desde las elecciones de julio de 2024 más de 2.000 personas han sido detenidas por protestar o criticar al gobierno, enfrentando cargos de terrorismo e incitación al odio con penas de hasta 30 años. El informe también documenta que en julio de 2025 la Asamblea Nacional declaró persona non grata al Alto Comisionado de la ONU para los Derechos Humanos.

El Informe sobre Derechos Humanos de Venezuela del Departamento de Estado de los Estados Unidos de 2024 señala que la impunidad impregna el sistema de justicia venezolano y que los responsables de violaciones de derechos humanos, incluyendo médicos forenses que encubren torturas, no rinden cuentas.

C.3. Crisis Institucional y Documental

El SAIME experimentó una crisis operativa documentada a partir de 2015, reduciendo la emisión de pasaportes a aproximadamente 300.000 unidades anuales sobre una demanda de 1.8 a 3 millones de solicitudes. Los precios escalaron a niveles de 200 dólares por pasaporte nuevo.

PROVEA (Programa Venezolano de Educación-Acción en Derechos Humanos), en su Informe Anual 2024, señala que el sistema de justicia venezolano no ha procesado efectivamente ninguno de los casos de violaciones documentadas durante las protestas postelectorales de 2024.

Amnesty International documenta en su Informe 2024-2025 que los detenidos fueron juzgados en tribunales carentes de independencia, con negación del debido proceso y defensores públicos sin capacidad o motivación para actuar efectivamente.

C.4. Impacto en la Credibilidad de los Solicitantes Venezolanos

El contexto de country conditions tiene dos implicaciones directas para la evaluación de solicitudes de asilo venezolanas. Primera: la imposibilidad de obtener documentación oficial venezolana puede ser en sí misma evidencia de persecución, no de fraude. Segunda: la existencia de un sistema documental comprometido por corrupción y colapso institucional explica las inconsistencias menores que pueden aparecer en documentos auténticos producidos en ese entorno.

En Matter of S-M-J-, 21 I&N Dec. 722 (BIA 1997), la BIA estableció el estándar según el cual el juez de inmigración puede y debe considerar la evidencia de country conditions al evaluar la credibilidad del solicitante. Este estándar es plenamente aplicable al caso venezolano.

ANEXO D

Directorio de Recursos de Verificación

Los siguientes recursos están disponibles para la verificación de documentos venezolanos y la consulta de información institucional. La disponibilidad de los portales venezolanos es variable y su acceso debe documentarse con captura de pantalla con fecha y hora visible para incorporarla al expediente.

D.1. Portales de Verificación de Identidad Venezolana

CNE, padrón electoral: cne.gob.ve — Permite verificar número de cédula de identidad y consultar datos electorales asociados (nombre, estado y municipio de residencia). La verificación confirma que el número existe en el sistema y que los datos coinciden.

SAIME: saime.gob.ve y siic.saime.gob.ve — Portal de autogestión para cédulas y certificación de datos. Disponibilidad intermitente por crisis de infraestructura digital.

TSJ, consulta de causas: tsj.gob.ve — Permite consultar causas judiciales por número de expediente y datos del imputado.

D.2. Laboratorios y Organismos Forenses en Estados Unidos

HSI Forensic Document Laboratory (FDL): homeland.gov/hsi-fld — Único laboratorio forense federal dedicado al examen de documentos de viaje e identidad. Capacidad para análisis de los tres niveles de seguridad documental.

USCIS Fraud Detection and National Security (FDNS): uscis.gov — Directorio de detección y seguridad nacional de USCIS, embebido en todas las oficinas de asilo.

EOIR Virtual Law Library: justice.gov/eoir/virtual-law-library — Contiene decisiones precedenciales del BIA y guías de práctica ante los tribunales de inmigración.

D.3. Organizaciones para Evaluaciones Forenses de Víctimas

Physicians for Human Rights (PHR): phr.org — Lleva a cabo evaluaciones forenses bajo el Protocolo de Estambul para solicitantes de asilo en Estados Unidos.

Program for Torture Victims (PTV): ptvla.org – Organización especializada en documentación forense de víctimas de tortura para casos de asilo.

D.4. Fuentes de Country Conditions

U.S. Department of State, Country Reports on Human Rights Practices, Venezuela: state.gov/reports-bureau-of-democracy-human-rights-and-labor/country-reports-on-human-rights-practices/

Human Rights Watch, Venezuela: hrw.org/americas/venezuela

Amnesty International, Venezuela: amnesty.org/en/countries/americas/venezuela/

PROVEA (Programa Venezolano de Educación-Acción en Derechos Humanos): derechos.org.ve

Misión Internacional Independiente de Determinación de los Hechos, ONU: ohchr.org/en/hr-bodies/hrc/venezuela-ffm/index

World Justice Project, Rule of Law Index: worldjusticeproject.org

Freedom House, Freedom in the World: freedomhouse.org

Bibliografía y Fuentes

Las fuentes están organizadas en cinco categorías: legislación venezolana, legislación federal de los Estados Unidos, jurisprudencia, organismos internacionales e informes gubernamentales, y fuentes académicas y de investigación. El formato sigue los estándares de cita del Chicago Manual of Style, 17ª edición.

E.1. Legislación Venezolana

Venezuela. *Código Penal de Venezuela.*. Gaceta Oficial N° 5.768 Extraordinario, 13 de abril de 2005. Reforma parcial publicada en Gaceta Oficial N° 5.494 Extraordinario, 20 de octubre de 2000.

Venezuela. *Código Orgánico Procesal Penal (COPP).*. Gaceta Oficial N° 6.078 Extraordinario, 15 de junio de 2012. Reformado mediante Ley de Reforma del COPP, Gaceta Oficial N° 6.644 Extraordinario, 17 de septiembre de 2021.

Venezuela. *Ley Orgánica de Identificación.*. Gaceta Oficial N° 38.458, 14 de junio de 2006.

Venezuela. *Ley Orgánica de Registro Civil.*. Gaceta Oficial N° 39.264, 15 de septiembre de 2009.

Venezuela. *Ley Especial contra los Delitos Informáticos.*. Gaceta Oficial N° 37.313, 30 de octubre de 2001.

Venezuela. *Decreto N° 6.733.*. Creación del Servicio Administrativo de Identificación, Migración y Extranjería (SAIME). Gaceta Oficial N° 39.196, 9 de junio de 2009.

Venezuela. *Constitución de la República Bolivariana de Venezuela.*. Gaceta Oficial N° 36.860, 30 de diciembre de 1999. Enmendada según Gaceta Oficial N° 5.908 Extraordinario, 19 de febrero de 2009.

Venezuela. *Ley del Estatuto de la Función de la Policía de Investigación (Estatuto del CICPC).*. Gaceta Oficial N° 6.191 Extraordinario, 17 de noviembre de 2015.

Venezuela. Tribunal Supremo de Justicia, Sala de Casación Penal. *Sentencia N° 017.*. 17 de marzo de 2021. Sobre elementos del tipo penal en el uso de documento público falso (Art. 322 Código Penal).

E.2. Legislación Federal de los Estados Unidos

INA. *Immigration and Nationality Act.* 8 U.S.C. §§ 1101 et seq. (2024).

INA § 1158.. *Asylum.*. 8 U.S.C. § 1158 (2024).

INA § 1229a.. *Removal proceedings.*. 8 U.S.C. § 1229a (2024).

INA § 212(a)(6)(C).. *Misrepresentation as ground of inadmissibility..* 8 U.S.C. § 1182(a)(6)(C) (2024).

8 C.F.R. § 1003.. *Executive Office for Immigration Review..* Code of Federal Regulations, Title 8, Part 1003 (2024).

8 C.F.R. § 1003.33.. *Translation of documents..* Code of Federal Regulations, Title 8, Part 1003.33 (2024).

FRE 901.. *Federal Rule of Evidence 901,.* Authenticating or Identifying Evidence. 28 U.S.C. App. (2024).

FRE 902.. *Federal Rule of Evidence 902,.* Evidence That Is Self-Authenticating. 28 U.S.C. App. (2024).

FRE 1001-1008.. *Federal Rules of Evidence 1001-1008,.* Best Evidence Rule. 28 U.S.C. App. (2024).

18 U.S.C. § 1001.. *Statements or entries generally (false statements to federal agencies)..* United States Code, Title 18 (2024).

18 U.S.C. § 1543.. *Forgery or false use of passport..* United States Code, Title 18 (2024).

18 U.S.C. § 1546.. *Fraud and related activity in connection with identification documents and immigration documents..* United States Code, Title 18 (2024).

USCIS.. *Interim Final Rule: Referral of Affirmative Asylum Applications to Immigration Judges Without Interview..* Federal Register, 2025. Permite a USCIS remitir solicitudes de asilo directamente al EOIR sin entrevista previa.

EOIR.. *Appellate Procedures for the Board of Immigration Appeals.*. Federal Register, 90 FR 5275, February 6, 2026. Modifica plazos de apelación ante el BIA.

E.3. Jurisprudencia

Matter of S-M-J-, 21 I&N Dec. 722 (BIA 1997).. Establece el deber del juez de inmigración de considerar la evidencia de country conditions al evaluar credibilidad y fundamentar el miedo bien fundado.

Matter of C-A-R-R-, 29 I&N Dec. 13 (BIA 2025).. Estándares de completitud del formulario I-589 y facultad del juez para pretermitir solicitudes con deficiencias formales.

Matter of H-A-A-V-, 29 I&N Dec. 233 (BIA 2025).. Doctrina sobre pretermisión de solicitudes de asilo por ausencia de hechos en disputa.

Daubert v. Merrell Dow Pharmaceuticals, Inc., 509 U.S. 579 (1993).. Establece el estándar federal de admisibilidad del testimonio pericial experto, aplicable a testigos expertos en documentos venezolanos ante el EOIR.

Matter of D-V-, 21 I&N Dec. 77 (BIA 1993).. Reconoce el miedo a represalias futuras como fundamento de asilo. Principio aplicable a solicitantes venezolanos con documentación de persecución estatal.

United States v. Labrador-Sierra, No. 25-CR-[número], N.D. Ohio (2025).. Caso federal de fraude en formularios de TPS con fecha de nacimiento falsa. Condenado por cargos bajo 18 U.S.C. § 1001.

E.4. Organismos Internacionales e Informes Gubernamentales

Amnesty International. *Venezuela 2024-2025 Annual Report*.. London: Amnesty International, 2025.

Freedom House. *Freedom in the World 2025: Venezuela Country Report*.. Washington D. C.: Freedom House, 2025.

Human Rights Watch. *World Report 2025: Venezuela*.. New York: Human Rights Watch, 2025.

Human Rights Watch. *World Report 2026: Venezuela*.. New York: Human Rights Watch, 2026.

Naciones Unidas, Misión Internacional Independiente de Determinación de los Hechos sobre Venezuela (FFM). *Informe de la Misión Internacional Independiente*.. UN Doc. A/HRC/57/CRP.2. Geneva: Consejo de Derechos Humanos, septiembre de 2024.

Naciones Unidas, Oficina del Alto Comisionado para los Derechos Humanos (OACNUDH). *Resolución A/HRC/39/L.1/Rev.1*.. Informe exhaustivo sobre derechos humanos, corrupción e impunidad en Venezuela. Geneva: OACNUDH, 2018.

PROVEA (Programa Venezolano de Educación-Acción en Derechos Humanos). *Informe Anual 2024. 36ª edición.*. Caracas: PROVEA, 2024.

U.S. Department of State, Bureau of Democracy, Human Rights, and Labor. *Venezuela 2024 Human Rights Report.*. Washington D. C.: U.S. Department of State, 2025.

World Justice Project. *Rule of Law Index 2024.*. Washington D. C.: World Justice Project, 2024. Venezuela: posición 139 de 142 países.

Organización Panamericana de la Salud (OPS). *Informe sobre el Sistema de Salud de Venezuela.*. Washington D. C.: OPS/OMS, 2023.

E.5. Fuentes Académicas y de Investigación

Alfano, Alexander J. *Inadmissibility and Waivers Dictionary.*. Coral Gables: Financial Legal Group, [año de publicación].

Alfano, Alexander J. *The Visa Dictionary.*. Coral Gables: Financial Legal Group, [año de publicación].

Alfano, Alexander J. *Employment Based Immigrant Visas.*. Coral Gables: Financial Legal Group, [año de publicación].

Sanabria, Rolnar. *Tren de Aragua: Anatomy of a Transnational Criminal Empire.* Tulsa: LISE LLC, 2026.

Sanabria Bernatte, Rolnar A. "Document Authentication Gaps in Venezuelan Asylum Proceedings: Institutional Analysis

and Due Diligence Standards Under the DHS Directive of May 26, 2026." LISE Working Paper Series. SSRN, junio 2026. ORCID: 0009-0004-0320-4735.

DHS, Asesor General James Percival. Memorandum on Anti-Fraud Policies. Washington, D.C.: Department of Homeland Security, 26 de mayo de 2026.

DHS. "DHS Takes Additional Steps to Crack Down on Asylum Fraud." Comunicado oficial. Washington, D.C., 26 de mayo de 2026.

USCIS. "USCIS Reducirá las Solicitudes Frívolas de Beneficios de Inmigración Reforzando los Estándares de Evidencia." Alerta oficial. Washington, D.C., 5 de agosto de 2026.

Passel, Jeffrey S. y Fahmy, Dalia. "7 Facts About Venezuelans in the U.S." Pew Research Center, 9 de enero de 2026.

U.S. Department of Justice, EOIR. "Total Asylum Applications: Adjudication Statistics." Washington, D.C., 22 de abril de 2026.

Cannato, Vincent J. American Passage: The History of Ellis Island. Nueva York: HarperCollins, 2009.

House Judiciary Committee. Carta al GAO sobre el Costo del Fraude en Asilo. Washington D. C., 12 de febrero de 2014.

Chicago Manual of Style. *The Chicago Manual of Style. 17ª edición..* Chicago: University of Chicago Press, 2017.

United Nations. *Manual on the Effective Investigation and Documentation of Torture and Other Cruel, Inhuman or*

Degrading Treatment or Punishment (Istanbul Protocol).. New York and Geneva: United Nations, 2004. HR/P/PT/8/Rev.1.

American Bar Association. *Report on Immigration Notario Fraud*.. Chicago: ABA Commission on Immigration, 2023.

Catholic Legal Immigration Network, Inc. (CLINIC). *Report on Unauthorized Practice of Immigration Law*.. Silver Spring: CLINIC, 2024.

E.6. Fuentes Periodísticas y de Investigación Documental

CNN y CNN en Español. *"Passports in the Shadows."*. Investigación sobre venta de pasaportes venezolanos en la embajada de Bagdad, Irak. CNN Investigates, 2017.

Efecto Cocuyo. *"El mercado negro de documentos venezolanos en redes sociales."*. Caracas: Efecto Cocuyo, 2018-2024. Cobertura continua sobre redes de falsificación documental en plataformas digitales.

Newsweek. *"Trump Admin Overhauls Asylum Process With No-Interview Rule."*. Newsweek, julio 2026.

Cómo Denunciar el Fraude Documental y el Crimen Organizado

Este anexo reúne los canales oficiales, vigentes a la fecha de esta edición, para denunciar fraude documental, fraude migratorio y actividad de crimen organizado transnacional ante las autoridades competentes de los Estados Unidos. La inclusión de un canal aquí no constituye una recomendación de cuándo o cómo denunciar un caso específico; esa es una decisión que corresponde al abogado de la parte interesada, evaluando el contexto legal completo del caso. Antes de presentar una denuncia relacionada con un caso migratorio activo, se recomienda siempre consultar primero con el abogado del solicitante, ya que una denuncia mal cronometrada puede tener consecuencias no deseadas sobre el propio caso.

F.1. Fraude Migratorio y Documental ante USCIS

Para reportar sospecha de fraude o abuso en beneficios migratorios (documentos falsificados, matrimonios fraudulentos, preparadores no autorizados, esquemas de "notarios" sin licencia, entre otros):

- **Formulario de denuncia en línea (USCIS Tip Form):** uscis.gov/report-fraud/uscis-tip-form
- **Correspondencia física (para evidencia documental extensa):** USCIS FDNS, Attn: Fraud Division, 111 Mass Ave NW, Suite 7002, Mailstop 2280, Washington, DC 20529
- **Fraude ante las cortes de inmigración, la BIA o práctica no autorizada de la abogacía:** EOIR Fraud and Abuse Prevention Program — tel. 877-388-3840, correo eoir.fraud.program@usdoj.gov

Nota: USCIS no cuenta históricamente con autoridad de investigación criminal directa; sus denuncias son evaluadas por la Fraud Detection and National Security Directorate (FDNS), que determina si amerita investigación administrativa adicional o remisión a HSI.

F.2. Tráfico de Personas, Contrabando y Delitos Graves ante HSI (ICE)

Homeland Security Investigations (HSI), el brazo investigativo de ICE, es la instancia apropiada para delitos más graves vinculados a inmigración: tráfico de personas, contrabando de migrantes, fraude documental organizado y falsificación a gran escala.

- **Línea de denuncia HSI (24 horas):** 1-866-347-2423 (866-DHS-2ICE)
- **Formulario de denuncia en línea:** ice.gov/webform/hsi-tip-form
- **Línea Nacional contra la Trata de Personas:** 1-888-373-7888

Ambos canales aceptan denuncias anónimas, aunque proporcionar información de contacto facilita que los investigadores puedan dar seguimiento.

F.3. Delitos Federales y Crimen Organizado Transnacional ante el FBI

El FBI es la instancia competente para delitos federales graves, incluyendo el crimen organizado transnacional, la extorsión, el secuestro, el tráfico de armas y la actividad de organizaciones criminales designadas.

- **Formulario de denuncia en línea:** tips.fbi.gov
- **Oficina de campo local del FBI:** fbi.gov/contact-us/field-offices (directorio por ciudad)
- **Delitos cibernéticos, fraude en línea y robo de identidad:** Internet Crime Complaint Center (IC3) — ic3.gov

Sobre organizaciones como el Tren de Aragua: el Departamento de Estado designó a esta organización como Organización Terrorista Extranjera y Organización Criminal Transnacional Significativa. Las denuncias relacionadas con sus operaciones en territorio estadounidense pueden dirigirse al FBI (tips.fbi.gov) o a HSI, ambos integrados en fuerzas de tarea conjuntas (Joint Task Force Vulcan y task forces regionales) junto con la DEA, ATF y fiscalías federales. El Programa de Recompensas por Crimen Organizado Transnacional del Departamento de Estado (rewardsforjustice.net) ofrece recompensas por información que conduzca al arresto de líderes de estas organizaciones.

F.4. Consideraciones Prácticas

Antes de denunciar, es recomendable documentar con la mayor precisión posible: fechas, nombres, ubicaciones y cualquier evidencia disponible (documentos, capturas de pantalla, comunicaciones). Un reporte detallado facilita significativamente la labor de los investigadores. Ninguno de los canales aquí listados sustituye la asesoría de un abogado con licencia activa, y este anexo tiene fines exclusivamente informativos — no constituye asesoría legal ni una instrucción sobre si corresponde denunciar un caso particular.

Índice Analítico

Este índice remite a las páginas donde cada institución, documento, estándar legal o concepto recibe tratamiento sustantivo. Para instituciones y documentos con presencia extensa a lo largo del libro (por ejemplo, CICPC o SAIME), las páginas indicadas cubren tanto las secciones dedicadas como las referencias posteriores relevantes.

8

A

H

I

M

S

T

U

V

W

www.ingramcontent.com/pod-product-compliance
Lightning Source LLC
LaVergne TN
LVHW051921051126
851857LV00021B/2096
9798995696223